Martin Rost

Wir
vom Jahrgang
1990

Kindheit und Jugend

Impressum

Bildnachweis:

Umschlag: Privatarchiv Rost (vorne oben, hinten), Sven Langkabel (vorne unten);

Privatarchiv Rost: S. 5, 7 o./u., 9 o./u., 10, 13, 14, 16 o./u., 17, 20 u., 22, 24, 26, 28, 29 o., 33, 36 o./u., 40 u., 41, 42, 43, 46, 49, 51 u., 53; Sabrina Pöschering: S. 18; Graf: S. 30 u., 31 o.; Martin Stork: S. 34; Sven Langkabel: S. 48, 50, 61, 62; Sheyda Rahemi: S. 55 o.; Mark Heiderich: S. 55 u.; Yasemin Kaya: S. 56; Jannik Eder: S. 58;

ullstein bild – Bodig: S. 6; ullstein bild – Firo/Alfaqui: S. 11 o.; ullstein bild – Rex Features /REX: S. 11 u.; ullstein bild – Gierth: S. 15; ullstein bild – JOKER/Martin Magunia: S. 19; ullstein bild – Gitta Seiler: S. 20 o.; ullstein bild – Zentralbild: S. 23; ullstein bild – Fotoagentur imo: S. 25; ullstein bild – XAMAX: S. 27; ullstein bild – Teutopress: S. 29 u.; ullstein bild – Bonn-Sequenz: S. 30 o.; ullstein bild – Cuveland: S. 31 u.l.; ullstein bild – imageBROKER/Ulrich Niehoff: S. 31 u.r.; ullstein bild – Ullrich Baumgarten: S. 32; ullstein bild – vario images: S. 37, 40 o.; ullstein bild – AP: S. 39, 45, 54; ullstein bild – BPA: S. 51 o.; ullstein bild – photothek: S. 52; ullstein bild – Müller-Stauffenberg: S. 53 u.; ullstein bild – Momentphoto/Robert Michael: S. 60; ullstein bild – Sylent Press: S. 63

Wir danken allen Lizenzträgern für die freundliche Abdruckgenehmigung.
In Fällen, in denen es nicht gelang, Rechtsinhaber an Abbildungen zu ermitteln, bleiben Honoraransprüche gewahrt.

5. Auflage 2023
Alle Rechte vorbehalten, auch die des auszugsweisen Nachdrucks und der fotomechanischen Wiedergabe.
Gestaltung und Satz: r2 | Ravenstein, Verden
Druck: Druck- und Verlagshaus Thiele & Schwarz GmbH, Kassel
Buchbinderische Verarbeitung: Buchbinderei S. R. Büge, Celle
© Wartberg-Verlag GmbH
34281 Gudensberg-Gleichen • Im Wiesental 1
Telefon: 056 03/9 30 50 • www.wartberg-verlag.de
ISBN: 978-3-8313-3090-4

Vorwort
Liebe 90er!

Die Mauer ist gefallen, die deutsche Nationalelf wird Weltmeister, George Bush senior ist der neue Präsident der USA, der Gameboy wird entwickelt – mit diesen epischen Ereignissen aus den letzten Atemzügen der 80er im Rücken, erblickten wir, irgendwann zwischen Silvester und Silvester, das Licht der Sonne.

Es war nicht nur der Beginn unzähliger Leben mit der geilsten Jahreszahl im Geburtsdatum, sondern auch der Anfang vom Ende eines abgefahrenen Jahrhunderts. Oft will man ausblenden, dass in diesem Jahrhundert zwei Weltkriege stattgefunden haben und die Existenz der Menschheit enorm bedroht wurde durch intensive Machtspiele mit atomaren Waffen. Eher erinnert man sich an Ereignisse und Erfindungen wie das Radio, den Fernseher, den Staubsauger, die Maschinenpistole, die Autobahn, den Computer, LSD, Atomkraftwerke, die Mondlandung, den Walkman, das Internet, Mobiltelefone, ja, sogar Hormone und Vitamine wurden erst im zwanzigsten Jahrhundert entdeckt. Aber so weltbedeutend und interessant dies alles auch war, es geschah vor unserer Zeit. Dafür waren wir voll auf Sendung, als die Mobilfunk-netze eingerichtet wurden, Dolly erstmals erfolgreich geklont wurde und die USA eine Raumsonde Richtung Jupiter losschossen, die noch immer unter-wegs ist. Wir erlebten den Zerfall Jugoslawiens, das Ende der Apartheit in Süd-afrika und das Ende der Ära Kohls, die Zerstörung des World Trade Centers, die Einführung einer gemeinsamen Währung für alle EU-Staaten, die Wahl des ersten weiblichen Staatsoberhaupts von Deutschland, Angela Merkel, sowie des ersten afroamerikanischen Präsidenten in den USA, Barack Obama. Und damit ist die Liste lange nicht vollständig.

Wir sind die Hightech-Generation, die statt Liebesbriefen SMS schreibt, die erste Generation, der keine Grenzen gesetzt sind. Wir leben in einer immer globaler werdenden Welt und in einer irre schnellen Zeit. Dieses Buch soll daran erinnern, was eigentlich so los war in unseren ersten achtzehn Lebens-jahren. Es ist für euch, für uns, die 90ies Babys.

Martin Rost

1990-1992

Aus der Dunkelheit ins Licht

Aller Anfang ist ... dunkel

Auch wenn wir uns nicht an unsere Geburt erinnern können und selten an überhaupt irgendwas aus unseren ersten drei Lebensjahren, wir waren definitiv da, das bestätigt die Geburtsurkunde, die Zahlenkombination auf einer Halskette, einem Armbändchen, einer Taufkerze oder anderen Willkommensgeschenken zur wunderhaften Achterbahnfahrt des Lebens. Ich als Autor gebe zu, ich habe keine Ahnung, was in meinen ersten drei Lebensjahren geschah – ich habe bloß Fotos und Videos und Erzählungen als grobe Eckpfeiler. Im Großen und Ganzen haben wir alle das Gleiche getan ... wir lagen herum, wurden herumgetragen, nuckelten Mamas Milch, lachten, schrien, sabberten, umgeben von Menschen, für die wir das Größte im Leben waren, der neue Mittelpunkt, eine Brücke über den Fluss des Alleinseins und schnurstracks in

Chronik

11. Februar 1990
Nelson Mandela wird nach 27 Jahren aus der Haft entlassen. Damit wird das Ende der Apartheid in Südafrika eingeleitet.

8. Juli 1990
Deutschlands Elf wird zum dritten Mal Fußballweltmeister.

2. August 1990
Mit dem Einmarsch irakischer Truppen in Kuwait beginnt die Golfkrise.

3. Oktober 1990
Deutschlands Wiedervereinigung und die Geburtsstunde des „Tag der Deutschen Einheit" wird gefeiert.

27. Januar 1991
Boris Becker rühmt sich nach dem letzten Saisonspiel mit einem Sieg über Ivan Lendl als weltbester Tennisspieler.

8. Oktober 1991
Nach dreimonatigem Bürgerkrieg in Jugoslawien sind Slowenien und Kroatien unabhängige Staaten.

23. Februar 1992
Die im französischen Albertville ausgetragenen Olympischen Winterspiele bringen die Deutschen als das Team mit den meisten Medaillen hervor.

3. März 1992
Nach Slowenien und Kroatien wird auch Bosnien-Herzegowina unabhängig.

28. Mai 1992
Kasachstan, Armenien und Slowenien werden offizielle Mitglieder in der UNESCO.

2. Juli 1992
Die USA ziehen alle taktisch platzierten Atomwaffen aus Deutschland ab.

25. Juli 1992
Barcelona feiert die Eröffnung der XXV. Olympischen Spiele.

3. November 1992
Der Demokrat Bill Clinton wird der 42. Präsident der Vereinigten Staaten.

Freudig richteten wir den Blick auf alles Unbekannte.

die Zukunft. Und ganz gleich, ob es an unserem Tag der Geburt regnete, schneite, die Sonne schien, die Blätter fielen, die Blüten blühten, die deutsche Elf ihren dritten WM-Titel erschoss, eine neue Tupperware-Kollektion auf den Markt kam, für unsere Eltern wurde dieser Tag zu einem unvergesslichen. Mein Vater zum Beispiel erzählte mir, der Anruf aus dem Krankenhaus mit der Nachricht, ich sei unterwegs, kam gerade während eines Bundesliga-Spiels, das er unbedingt sehen wollte, gegen halb 7 abends. Bei was habt ihr euren Vater gestört, als eure Mutter unter Schweiß und Tränen euren Körper in die Arme einer Hebamme gepresst hat?

1. bis 3. Lebensjahr

Feiern zur deutschen Einheit am 3. Oktober 1990.

Das neue Deutschland

1989 hat das deutsche Volk durch friedliche Proteste etwas erreicht, das in dieser Form schon mehrere Jahrzehnte verloren gewesen war, und von vielen für immer verloren geglaubt wurde: die Wiedervereinigung Deutschlands, die im Jahr vor unserer Geburt mit dem Mauerfall in Berlin in Gang gesetzt wurde.

Allerdings ist der Weg zu einem geeinten Deutschland steinig. Bevor sich Deutschland wiedervereinen kann und die Wunden des Zweiten Weltkrieges verheilen können, müssen die führenden ehemaligen Siegermächte USA, UdSSR, England und Frankreich ihr OK geben. Und das ist ein großes Problem, denn Russland und England haben Angst vor einem wiedererstarkten Deutschland, das zurückfallen könnte in ein machtsüchtiges Land der Größenwahnsinnigen. Sie sehen das politische Gleichgewicht in Europa bedroht und Deutschlands führende Politiker müssen diese Ängste aus dem Weg räumen. Es werden nach Verhandlungen der vier Siegermächte mit den beiden deutschen Staaten die sogenannten Zwei-plus-vier-Verträge aufgesetzt, die einem Friedensvertrag zwischen Deutsch-

land und den Siegermächten des Zweiten Weltkrieges gleichkommen, mit dem Ergebnis, die deutsche Einheit wiederherzustellen und Deutschland die volle Souveränität über seine inneren und äußeren Angelegenheiten zurückzugeben. In den Verträgen ist unter anderem festgelegt, dass Deutschland keine Gebietsansprüche, die außerhalb der jetzigen Landesgrenzen liegen, erhebt, dass die Truppenstärke der Streitkräfte eingefroren bleibt und Deutschland auf den Besitz von ABC-Waffen verzichtet.

Nach einem formellen Hin und Her und diplomatischen Glanzparaden stimmt letztlich auch England dem neuen Deutschland zu und den Zielen unseres Landes stehen nur noch die Probleme entgegen, die es innerhalb der Grenzen zu lösen gibt. Die Verträge werden am 12. September 1990 unterzeichnet. Bereits am 1. Juli 1990 werden jegliche Mauer- und Grenzüberwachungen abgeschafft und die Deutsche Mark wird als gültige Währung in ganz Deutschland eingeführt.

Am 3. Oktober 1990 schließlich feiert Deutschland seinen ersten „Tag der Deutschen Einheit".

Auf Mamas Arm war es am gemütlichsten.

Erste Schritte

Nach monatelangem Herumliegen, Strampeln, Wälzen, Rollen, Krabbeln, Kriechen und Umfallen erreichten wir tapfer und stolz, was jeder Mensch unter schwerstem Kraftaufwand irgendwann lernen musste: das Laufen. Damit erfüllten wir nicht nur das Soll des Heranwachsens, sondern beglückten unsere Eltern in einem Maße, das uns womöglich unbegreiflich schien. Außerdem bot sich ein komplett neuer Blickwinkel auf die Welt, und wir wurden all den anderen Zweibeinern immer ähnlicher. Einige von euch hatten vielleicht sogar das überaus amüsante Vergnügen, ihre ersten Schritte auf Band anzuschauen, aufgezeichnet von euren Eltern mit einem klobigen, schwarzen Apparat, der V8-Kamera, welche damals als Nonplusultra des Hightech-Home-Videoformats galt. Vielleicht führten eure Eltern aber auch ein

Die ersten anstrengenden Minuten auf zwei Beinen.

Baby-Tagebuch, welchem ihr bunt auf weiß entnehmen könnt, wie sie eure ersten Schritte empfunden haben. Vielleicht haben sie auch eine witzige Anekdote zu diesem Ereignis auf Lager, die sie euch immer und immer wieder erzählen, beginnend mit den Worten „Ach ja, du warst noch so klein, ...“

Zu den besonderen Ereignissen gehörten sicherlich auch unsere ersten Sprechversuche, die anfangs eher ein Brabbeln und Lallen waren, und unser erstes Wort, das meistens nicht das war, was die Eltern sich wünschten: „Mama“ oder „Papa“ ... mein erstes Wort war „Rollo“.

Ereignisse und Katastrophen

Die frühen 90er-Jahre sind neben der deutschen Wiedervereinigung durch besondere und auch tragische Ereignisse geprägt:

Der „Ötzi“, eine etwa 5300 Jahre alte Eismumie, wird am 19. September 1991 in den Ötztaler Alpen, auf einer Höhe von 3210 Metern gefunden. Ötzi wurde, wie sich im Laufe der weiteren Jahre herausstellte, vermutlich Opfer eines heimtückischen Überfalls, als er sich in der Jungsteinzeit oder Kupferzeit seinen Weg durch die Alpengletscher bahnte. Durch und durch ein Aufsehen erregen-
der Fund, der den einen oder anderen Wissenschaftler in freudige und unge-bändigte Erregtheit versetzt.

Doch es passieren auch Dinge, die furchtbar und erschreckend sind: eine Boeing 767 der österreichischen Flugge-sellschaft Lauda Air verunglückt nahe Bangkok und fordert insgesamt 323 Menschenleben. Und ein heftiges Erdbeben der Stärke 7.0 reißt in Indien etwa 2000 Menschen in den Tod. Auch der Krieg auf dem Balkan und der zweite Golfkrieg verbreiten große Angst.

Instinktiv exklusiv

Die ersten Jahre folgten wir lediglich unseren Instinkten: Essen, Trinken, Schlafen. Zwischendurch brachten wir unsere Eltern zum Lachen. Oder aber trieben sie in eine von fehlendem Verständnis geplagte Verzweiflung, da wir gerade in diesen ersten Jahren äußerst sensibel waren und wegen jedem noch so winzigen Grund anfingen zu heulen und zu schreien, vor allem dann, als wir unsere ersten Beißer bekamen.

Auch im Wasser unterwegs mit Stil und Klasse.

Wir trugen die ganze Zeit über Pampers, die wir täglich vollhauten, und nuckelten an diversen Objekten, wie dem Daumen, dem Schnuller, dem Plastikauto aus dem Ü-Ei, den ersten Kuscheltieren, eigentlich allem – wir tasteten uns eben langsam durch die Wohnung und erkundeten alles, was unsere Aufmerksamkeit erweckte.

Wozu ist Creme denn sonst gut?

Ab und zu bekamen wir die Welt von draußen zu sehen, wenn wir im Kinderwagen von unseren Eltern oder Großeltern durch die Straßen geschoben wurden, allerdings beschränkte sich unser Blickfeld eher auf den Himmel oder das Dach unseres Kinderwagens. Doch das störte uns wohl kaum, immerhin war draußen sein schon immer besser, als drin zu gammeln.

Gangs on the floor

Da unsere jungen Eltern sich durch uns Kinder ins Aus der leichtsinnigen Jugendkultur katapultierten, schlossen sie sich mit anderen Eltern zusammen, was nur zu unserem Vorteil war, denn so konnte man früh Kontakte knüpfen,

Eine Rundfahrt durchs Wohnzimmer war nichts Ungewöhnliches.

hatte Homies auf dem Schlachtfeld im Kinderzimmer und doppelten Spaß. Aus tatenfaulem Liegen auf Decken mit Gummispielkrams und Sound-Bauernhöfen wurden fantasiereiche Abenteuer mit Bobbycars, Rodypferden, Brioeisenbahnen, Bauklötzen und Gott weiß, was unsere Eltern noch alles für uns kauften, um eine Stunde mehr am Tag etwas Ruhe zu haben und entspannte Konversation führen zu können. Sie scheuten keine Kosten, und wir sagten niemals nein – es war eine Win-Win-Situation, von Anfang an.

Prominente 90er

4. Januar: **Toni Kroos** –
                deutscher Fußball-
                Nationalspieler
13. Januar: **Liam Hemsworth** –
                australischer Schauspieler
                (Die Tribute von Panem)
31. Januar: **Cro** – *deutscher Rapper,*
                Sänger, Produzent
                und Designer
9. April: **Kristen Stewart** –
                US-amerikanische Film-
                schauspielerin (Twilight)
15. April: **Emma Watson** –
                britische Schauspielerin
                (Harry Potter)

Toni Kroos

Emma Watson

23. April: **Dev Patel** – *britischer*
                Schauspieler (Slumdog
                Millionaire)
2. Juli: **Roman Lob** –
                deutscher Sänger
4. Juli: **David Kross** –
                deutscher Schauspieler
                (Der Vorleser)
15. August: **Jennifer Lawrence** –
                US-amerikanische Schau-
                spielerin und Oscar-
                Preisträgerin
27. Oktober: **Jana Beller** –
                deutsches Fotomodell
6. November: **André Schürrle** –
                deutscher Fußball-
                Nationalspieler
9. Dezember: **LaFee** – *deutsche Sängerin*

1. bis 3. Lebensjahr

1993-1995

Kleine Monster

Vom Gitterbett zum Kinderfest

Unser Leben änderte sich schlagartig, als wir in den Kindergarten kamen. Man steckte uns in Gruppen mit Namen wie „Marienkäfer" oder „Sonnenblume", und fortan verbrachten wir die Vormittage mit Gleichaltrigen, unter der stetigen Beobachtung der Erzieherinnen. Neben den unendlich vielen, allesamt neuen Spielmöglichkeiten gab es erstmals so etwas wie Regeln: Aufräumen nach dem Spielen, Dinge zurück an die dafür vorgesehenen Plätze bringen, keine Streitereien anfangen. Man könnte fast sagen, so langsam begann der Ernst des Lebens, aber auch nur fast.

Wo es anfangs noch allerhand zu entdecken gab, hatten wir später unsere festen Spielplätze – ob am Puppenhaus, am Basteltisch, in der Bauklotz-Ecke,

Chronik

1. Januar 1993
Aus der Tschechoslowakei werden zwei
souveräne Staaten: Tschechien und die
Slowakei.

10. Januar 1993
Die Schwimmerin Franziska van Almsick
stellt in China drei Weltrekorde auf.

10. Dezember 1993
Toni Morisson (Autorin des Buches „The
Bluest Eye") gewinnt den Literaturnobel-
preis, Nelson Mandela den Friedensnobel-
preis.

15. April 1994
Gründung der Welthandelsorganisation
WTO (World Trade Organization) mit Sitz in
Genf.

6. Mai 1994
Eröffnung des Euro-Tunnels unter dem
Ärmelkanal zwischen Frankreich und
England.

9. Mai 1994
Mandela wird Präsident der Republik
Südafrika.

18. Juli 1994
Ende des Bürgerkrieges in Ruanda mit
mehr als 500 000 Toten und 1,7 Millionen
Flüchtlingen.

13. November 1994
Michael Schumacher wird erster Deutscher
Formel-1-Weltmeister.

1. Januar 1995
Österreich, Schweden und Finnland treten
der EU bei.

7. Mai 1995
Jacques Chirac wird zum französischen
Staatspräsidenten gewählt und löst damit
François Mitterrand nach 14-jähriger
Amtszeit ab.

10. Juli 1995
Der Hausarrest für Friedensnobelpreis-
trägerin San Sun Kyi in Myanmar wird
verhängt.

14. Dezember 1995
Das Friedensabkommen zwischen Serbien,
Kroatien und Bosnien-Herzegowina wird
unterzeichnet.

an der Schaukel, der Rutsche, überall
waren wir verteilt und gingen unseren
Lieblingsbeschäftigungen nach.
Manchmal gingen wir mit unserer
Gruppe zum Turnen, was mein
persönliches Highlight war, weil man
überall herumklettern und runter- oder
drüberspringen konnte. Aber da hatte
wohl jeder seine ganz eigenen
Vorlieben, und das machte uns schon
immer aus. Das Einzige, was wohl
alle gemeinsam hatten, war die stets
aufrechterhaltene Fehde zwischen
Jungs und Mädels, der ewige Kampf
zwischen „lieeh" und „bääh"...

Im Kindergarten war es zu
jeder Jahreszeit kunterbunt.

4. bis 6. Lebensjahr

Wir lernten Geburtstagslieder und Lieder für jeden Anlass, kleine Gedichte, lange Geschichten, Tricks und Tipps im Umgang mit der Schere und Kleber. Manch einer blieb auch länger im Kindergarten, wurde lecker bekocht, während die anderen schon heimgingen und sich von Mama überraschen ließen. Der Kindergarten war einfach toll, auch wenn man sich manchmal mit irgendwem in der Wolle hatte, mit Sachen durch die Gegend schmiss oder mal ganz allein in der Ecke saß ... Wie der Kindergarten von morgen wohl aussieht? Ich für meinen Teil bin froh, in einem der letzten Old-School-Kindergärten mit richtigen Spielsachen und echten Dreirädern und stahlharten Schippen so gut wie zu Hause gewesen zu sein.

Geburtstage im Kindergarten waren fast so beliebt wie Karneval.

Was vom Tag so übrig blieb

Unsere Nachmittage waren jedoch nicht weniger aufregend. Spaß, Action, Zankerei und Friedenschließen waren an der Tagesordnung. Wir verabredeten uns mit den Freunden aus dem Kindergarten oder aus der Nachbarschaft, meistens zur immer gleichen, in der Kinderwelt universell benutzten

Spieluhrzeit 15:00 Uhr. Was anfangs noch unsere Mütter oder Väter für uns taten, nahmen wir relativ zügig selbst in die kleinen Wurstfinger – war ja auch echt easy: Hörer abnehmen, Nummer wählen, sich mit Namen melden und nach Marius, Saskia, Felix, Max, Anna, Lisa oder wem auch immer fragen, und dann ging's auch schon los.

Wir trafen uns mal bei dem, mal bei dem, zu zweit, zu dritt, die ganze Horde, und verbrachten Stunden auf unseren Spielfeldern all jener Schauplätze, an denen wir heute schnurstracks vorbeigehen: Spielplätze, die Straße vor dem Haus, das Wäldchen um die Ecke, das eigentlich nur ein Gebüsch ist, der Sportplatz, der Parkplatz, ganz egal – wir feierten uns aus. Fußball, Tennisball,

Sieg auf der ganzen Linie; vielleicht aber auch nur der dritte Platz.

Stöcke und Sand, Dreck und Wasser, einfach alles, was uns in die Pfoten kam, war zum Spielen geeignet, Instrument unendlich vieler neuer Optionen, sich eine Portion Adrenalin und Nervenkitzel zu verabreichen. Wir spielten „Doppeltes E", „Räuber und Gendarm", bauten Höhlen, kochten Suppe aus Unkraut, brachten Regenwürmer und Käfer mit nach Hause, um andere damit zu erschrecken. Einmal kam ich zum Beispiel völlig nackt nach Hause; der Nachbarsjunge sengte seiner Katze den Schwanz an; das freche Mädchen von gegenüber warf mit Steinen nach Autos. Manchmal frage ich mich, ob unsere Eltern überhaupt wussten, was wir da alles für einen Unsinn getrieben haben.

Tausend Farben, tausend Steinchen, tausend Ideen.

Bunte Plastikwelten

Eines der beliebtesten Spielzeuge aus unserer Kindheit dürfte Lego gewesen sein. Es fing an mit den großen Legosteinen – Duplo – die wir nicht verschlucken und mit unseren noch etwas ungeschickten Händchen gut greifen und aufeinanderstecken konnten. Als wir alt genug waren und nicht mehr alles in den Mund steckten, füllten sich unsere Kinderzimmer nach und nach mit den kleinen bunten Steinchen, Plättchen und Figuren von Lego, mit denen man die abgefahrensten Sachen anstellen konnte. Ganze Nachmittage verbrachten wir, auf dem Fußboden hockend, mit dem Suchen und Zusammenfügen der

Legosteine. Der Fantasie waren keine Grenzen gesetzt, egal ob Schiffe, Rennautos, Häuser, Actionheldengeheimverstecke, Unterwasserstationen, Schlösser oder Burgen, wir bauten alles, rissen es wieder ab, bauten etwas Neues, und immer so weiter. War unser Werk vollendet, war es nämlich nicht mehr so interessant. Das eigentliche Spiel war das Bauen selbst, weniger das Spielen mit den Werken.

Auch Playmobil war bei uns sehr beliebt. Man konnte zwar beim Bauen nicht so viel Kreativität beweisen, aber dafür bei den Rollenspielen, denn die Playmobilwelten waren im Grunde schon fertig und mussten nur noch bespielt werden. Es gab also die Legobauer unter uns und die Playmobilspieler. Viele mochten und besaßen aber natürlich beides.

... und vor dem Schlafengehen, Zähneputzen nicht vergessen.

Niemals schlafen!

Eines haben wohl alle Kids gemein: Sie wollen einfach nicht schlafen. So auch wir. Meistens musste man heim, wenn die Kirchenglocke um 6 Uhr abends läutete, und das bedeutete, dass es bald Zeit fürs Bett war, was jeden Tag aufs Neue für Diskussionen mit den Eltern sorgte. Doch bevor es zur Bett-Debatte kam, gab es meistens erst mal einen Anschiss, weshalb dies dreckig, das kaputt, jenes verloren und der Arm und die Knie aufgeschürft waren. Was soll man dazu sagen? Wir waren eben Actionhelden und Supergirls, nicht einfach Kinder. Und das Letzte, das wir brauchten, war Schlaf.

„Ich will aber noch nicht schlafen! Ich bin überhaupt nicht müde!", dürfte jeder Vater, jede Mutter zur Genüge gehört haben. Meistens schlief man sofort ein, wenn man dann erst mal mit frisch geputzten Zähnen und Schlaf-Outfit in der Kiste lag, aber trotzdem blieb es uns ein unbegreifliches Mysterium, warum man schlafen gehen sollte. Man könnte doch noch so lange weiterspielen ...

Die wohl beliebteste Spielkonsole der Welt

Im Jahr 1994 verkauft die Firma Sony ihre erste Playstation. Für die Produktion der Playstation 1 wird eine spezielle Tochterfirma, Sony Computer Entertainment, gegründet. Vorsitzender ist der Japaner Ken Kutaragi, welcher letzten Endes auch dafür verantwortlich ist, dass diese Konsole die zweiterfolgreichste aller Zeiten wird und dabei nur vom Verkauf des Nachfolgers Playstation 2 mit 102

Millionen Verkäufen übertroffen wird. So kommt es, dass die bis dahin erfolgreichste Spielkonsole Nintendo von ihrem Thron geschubst wird. Charakteristisch und einzigartig für die Playstation ist, dass die Spiele nicht mehr von großen Plastikkassetten, sondern von CD-Roms mit Hilfe eines Lasers abgespielt werden – ein immenser Fortschritt in der technischen Entwicklung.

Die Faszination Playstation wird uns erst ein paar Jahre später in ihren Bann ziehen.

4. bis 6. Lebensjahr

Was mag da
wohl drin sein?

Party, Party

Könnt ihr euch noch an den ersten
Kindergeburtstag erinnern, auf dem ihr
wart? Ich auch nicht. Aber es gab
unendlich viele davon, und alle waren
supergeil. Auch, wenn man selbst nur
einmal im Jahr der Glückliche war, so
hatten all die Feiern ein ganz besonderes Flair. Wir sangen die Songs, die wir
aus dem Kindergarten kannten, spielten
Spiele, die auf Geburtstagen noch
tausendfach krasser waren, und aßen
bloß das Allerfeinste: Kuchen, Torten,
Pommes, Pizza, Nudeln, Gegrilltes und
vieles, vieles mehr.

Ohne ein breites Grinsen war ein
Geburtstagsmorgen unvorstellbar.

Anfangs verbrachten wir die Geburtstage im und ums Haus, später wurden dann auch Ausflüge in die Eishalle, zur Kegelbahn oder ins Schwimmbad unternommen, ins Kino oder raus ins Grüne, doch im Kindergartenalter waren wir mit Haus und Garten voll und ganz zufrieden. Alle waren da, und alle waren vollends aufgedreht, vor allem, wenn es „Essen fassen" hieß oder ein neues Spiel angekündigt wurde. Die Knaller waren definitiv Verstecken in Haus und Garten, Schatzsuche, Topfschlagen oder Blindekuh. Dabei verflogen die Stunden wie im Flug und ehe man überhaupt darüber nachdenken konnte, ging die Feier zu Ende und für uns ging es heimwärts, nachdem wir zum Abschied eine Kleinigkeit geschenkt bekamen. Das konnte von Spielzeugautos über seltsam aussehende Plastikzwillen bis hin zu einer Süßigkeiten-Tüte gehen, und nach ein paar erlebten Geburtstagen freute man sich fast auf das Ende. Heute weiß man, es war ein diplomatisch ausgeklügelter Plan, den quengelnden Kindern den Abschied zu erleichtern, indem man sie mit Schnuckzeug ruhigstellt.

Mit 95 Fenstern in eine neue Welt

1995 entwickelt ein Unternehmen mit dem allseits bekannten Namen Microsoft Corp. ein Betriebssystem für Computer, welches zwar immer noch auf MS-DOS (ist für das Starten, Systemprozesse und Treiber zuständig) basiert, aber erstmals eine unschlagbare 32-Bit-Technik hervorbringt, was die bis dahin bekannte 16-Bit-Version als veraltet degradiert. Verkauft wird diese Version unter dem Namen Windows 95 und ist – im Gegensatz zu den anderen Systemen – beeindruckend dank seiner benutzerfreundlichen Bedienung. Ähnlich wie die Playstation einen Meilenstein mit ihrem CD-Laufwerk gesetzt hat, revolutioniert Windows 95 die Computertechnik.

Für die Startmelodie lassen die Microsoft-Spezialisten, angeführt von ihrem Gründer Bill Gates, eigens einen Komponisten ein Musikstück komponieren, das inspirierend, universell, optimistisch, futuristisch, gefühlvoll und emotional klingen soll – und dennoch die Zeit von drei Sekunden nicht überschreitet. Dem Komponisten Brian Eno gelingt es, diese Adjektive in einem Lied zu vereinen und das Produkt kommt auf den Markt – mit der Startmelodie, die wohl jeden von uns schon mindestens einmal zur Weißglut getrieben hat.

Dank dieses Systems wird das Computerzeitalter ins Rollen gebracht und im Verlauf der folgenden 20 Jahre steigt die Zahl der PCs in Privathaushalten auf rund 85 % – das heißt, über vier von fünf Haushalten in Deutschland besitzen mindestens einen eigenen PC.

4. bis 6. Lebensjahr

Geschenkexplosion unterm Weihnachtsbaum

Das schönste Fest im Jahr – neben unserem eigenen Geburtstag – war Weihnachten. Wir fingen bereits Monate vorher an, unsere Wunschzettel für den Weihnachtsmann zu schreiben oder zu malen. Und da war wirklich alles drauf, was ein Kinderherz höher schlagen ließ: Eine Miniküche aus Plastik, Playmobilhäuser, Puppen, elektrische Mini-Motorräder und vieles mehr. Oft war die Wunschliste so lang, wie die Spielzeugprospekte im Briefkasten dick.

Hatten wir dann mit den letzten Kraftreserven alles Erdenkliche aufgemalt, geklebt oder aufschreiben lassen, so händigten wir den Wunschzettel unseren Eltern aus, und Mama und Papa schickten ihn an den Weihnachtsmann. Dieser hingegen war jedoch kein Geringerer als ein guter Freund der Eltern, der Patenonkel oder der freundliche Nachbar. Doch davon ahnten wir damals natürlich noch nichts; für uns war das alles echt.

Je näher der 24. Dezember rückte, desto aufgeregter und nervöser wurden wir, und es war eine Qual, die Stunden und Minuten zu zählen bis zum ersehnten Heiligabend.

362 Tage hatte man sich jetzt schon gefreut, anfangs noch gesättigt vom Festmahl der Geschenke, doch exponentiell steigend bis zum nächsten Heiligabend eine Vorfreude aufgebaut, dass die letzten Tage vor Weihnachten fast nicht auszuhalten waren. Ein unglaublicher Thrill. Und dann ging alles ganz schnell. Pamm. Hier, tausend Geschenke für dich, und hier, noch mal hundert, und sieh mal da drüben, das ist auch für dich! Gott, war das geil. Natürlich waren Geschenke nicht alles, das Weihnachten so schön machte. Es war die ganze Stimmung, der Plätzchenduft, der Kerzenschein, begleitet vom

Rhythmus der Jahreszeiten, der die Landschaft schon früh mit Dunkelheit ummantelte, und alles war irgendwie ruhig und friedlich und besonders. Wie besonders das alles war, weiß man eigentlich erst viel später, als Weihnachten viel mehr Stress als alles andere bedeutet – könnten diese drei Tage doch einfach nur so chillig sein wie damals, als man eingebettet wurde in diese Traumwelt, mit ganz eigenen Familientraditionen und Riten, wie einem speziellen Weihnachtsgericht, der Abfolge der Besuche von Verwandten und dem Zeitpunkt der Bescherungen.

Sieben WM-Titel für Deutschlands „Schumi"

Schumi bejubelt seinen ersten Weltmeistertitel.

Michael Schumacher, geboren am 3. Januar 1969 in Hürth-Hermülheim, gilt als der erfolgreichste Pilot der Formel-1-Geschichte. Nachdem der junge Rennfahrer Michael Schumacher von der Formel-1-Firma „Jordan" zu „Benetton-Ford" gewechselt hat, gelingt ihm 1994 mit seinem ersten Weltmeistertitel der erste Schritt in eine unglaubliche Karriere. Auch in der nächsten Saison beweist Michael Schumacher Stärke und Souveränität, denn auch am Ende des Jahres 1995 steht „Schumi" als Weltmeister der Formel 1 ganz oben auf dem Treppchen.

Ein Jahr später wechselt Schumacher zum neu aufgebauten Team von Ferrari, um dort ebenfalls für einen rasanten Aufstieg der Firma zu sorgen. In den Jahren von 2000 bis 2004 erringt er für Ferrari fünfmal den Weltmeistertitel in Folge. Erst 2005 kann ihn Fernando Alonso vom Siegertreppchen (auf Platz drei) stoßen. Mit Ende der Saison 2006 verabschiedet sich Michael Schumacher mit einem Vizeweltmeistertitel aus dem

Formel-1-Rennsport. 2010 kehrt er für drei Jahre für Mercedes in die Formel 1 zurück.

Ein großer Schicksalsschlag ereilt Michael Schuhmacher am 29. Dezember 2013, als er bei einem Skiunfall ein Schädel-Hirn-Trauma erleidet und für fast vier Monate im Koma liegt.

4. bis 6. Lebensjahr

1996-1999
Aus Peter Pan wird Leo Lern

Prall gefüllte Zuckertüten

Mit sechs oder sieben Jahren war der
Spaß vorbei. Raus aus dem Lärm der
spielenden Kids im Kindergarten und
rein ins Klassenzimmer, wo Ruhe und
Ordnung Tagesprogramm waren.
Natürlich wurde auch dieser wichtige
Schritt begleitet von zeremoniellen
Feierlichkeiten mit der traditionellen
Zuckertüte und anderen euphemisti-
schen Begleiterscheinungen, die
einem den Start in die Schullaufbahn

Für die Schule waren wir bestens gerüstet.

Chronik

Wie schreibt man doch gleich „Brinsässin"?

15. Mai 1996
Der FC Bayern gewinnt den UEFA-Cup nach einem 3:1-Sieg im Rückspiel gegen Girondins Bordeaux.

30. Juni 1996
Die deutsche Nationalelf wird Fußball-Europameister.

6. Juli 1996
USA, Russland und Deutschland sind erfolgreichste Nationen bei den XXVI. Olympischen Spielen in Atlanta, USA.

27. September 1996
In der afghanischen Hauptstadt Kabul entsteht eine radikal-islamische Regierung.

28. Februar 1997
Mit 4,67 Millionen Menschen (11,4 %) erreicht die Arbeitslosigkeit in Deutschland einen Nachkriegsrekord.

1. Juli 1997
Nach 15 Jahren endet die britische Herrschaft in Hongkong. Die Kronkolonie fällt an China zurück.

27. Juli 1997
Fahrradprofi Jan Ullrich wird Sieger der Tour de France.

31. August 1997
Die englische Prinzessin Diana verunglückt in Paris tödlich.

1. Januar 1998
In Deutschland wird der Solidaritätszuschlag von 7,7 auf 5,5 Prozent gesenkt.

20. April 1998
Das Zugunglück von Eschede fordert 101 Tote.

27. September 1998
Gerhard Schröder wird Bundeskanzler der BRD.

1. Januar 1999
Der Euro wird als Buchgeld eingeführt.

19. April 1999
Der Deutsche Bundestag nimmt im Berliner Reichstagsgebäude seine Arbeit auf.

1. Juli 1999
Johannes Rau (SPD) wird neuer Bundespräsident.

so angenehm wie möglich gestalten sollten. Theaterstücke der Viertklässler und die ein oder andere Rede des Schulleiters, der sich abwechselnd an die Kinder und die Eltern richtete, spannten uns am Einschulungstag auf die Folter. Man spürte von Anfang an, dass sich jetzt vieles ändern würde. Zum Glück hatte man meist seine zwei bis drei Freunde aus dem Kindergarten am Start, die einem beistanden, ansonsten wäre dieser harte Umbruch wahrscheinlich etwas grob gewesen.

Wir wurden zwar langsam zu Hause darauf vorbereitet, aber als es dann so weit war, wir eingeteilt wurden in die jeweiligen Klassen und schließlich dort saßen mit all den anderen, kam es doch irgendwie plötzlich. All die Dinge, die man auf einmal brauchte,

7. bis 10. Lebensjahr

wie Stifte, Hefte, Mappen und den dicken Rucksack, und all das sollte immer ordentlich und aufgeräumt sein. Scout und McNeil waren fortan unsere stetigen Begleiter, mit denen wir fast aussahen wie wandelnde Tonnen mit dünnen Beinen, wenn wir frühmorgens durch die Straßen zu unserer Schule watschelten. Gott sei Dank war dies aber bloß ein Halbtagsjob, und sobald die Glocken das letzte Mal bimmelten, um den Unterricht zu beenden, verfielen wir in unsere alten Muster und spielten, was das Zeug hielt. Was wir natürlich auch in den Pausen taten, den herrlichen, großen Pausen, die man stets herbeisehnte. Insofern hatte die Schule auch was Gutes – man lernte unzählige neue Spiele, und der Schulhof bot tausend neue Möglichkeiten.

Alles in allem war auch das mit dem Unterricht gar nicht so verkehrt. Wir starteten schließlich nicht mit Algebra und Goethe, sondern wurden mit Spiel und Spaß an die Welt des Intellekts und des Notwendigen herangeführt, und es war ein gutes Gefühl, wenn es hier und da mal ein Sternchen gab ...

Manchmal war es unverkennbar, wer ein potenzieller Klassenclown war.

Günther Jauch moderiert die Quizshow „Wer wird Millionär?".

Quizshows – viel Geld und hohe Einschaltquoten

Am 3. September 1999 hat die Quizshow „Wer wird Millionär" mit Moderator Günther Jauch ihre Premiere im deutschen Fernsehen. Auch wenn diese Show nur eine weitere auf der langen Liste der Quizsendungen ist, so gibt es doch einen Unterschied, der die Einschaltquoten des beliebten Senders RTL in die Höhe treibt: Geld, das ein Spieler gewinnen kann, sofern er über ein großes Allgemeinwissen und ein gutes Nervenkostüm verfügt: Eine Million Deutsche Mark ist die höchste Prämie, die man gewinnen kann. Die Sendung ist humorvoll, spannend und voller Emotionen. Innerhalb kürzester Zeit ist Jauchs Quizshow „Wer wird Millionär?" die beliebteste Sendung im Fernsehen und der Moderator selbst einer Umfrage zufolge Deutschlands begehrtester Schwiegersohn. Mehr hätte sich der Sender nicht wünschen können, außer vielleicht, dass niemand im Stande wäre, die Millionen-Frage zu beantworten.

Bis heute wird die Ratesendung ausgestrahlt und mittlerweile gibt es nicht mehr „nur" eine Million D-Mark, sondern eine Million Euro zu gewinnen. Zweimal in der Woche kann man mitfiebern und die eigene Allgemeinbildung testen, und sich im besten Fall im Stillen auf die Schulter klopfen und denken: „Hätte ICH doch nur dort auf dem Stuhl gesessen ..."

Vorpubertärer Wahnsinn

Ich weiß gar nicht mehr genau, wann die ganze Geschichte mit dem Geschlechterkampf anfing. In der Zeit des Kindergartens spielten wir Jungs und Mädchen meist noch alle miteinander und durcheinander, auch wenn die

The KKK took my Baby away.

Interessen schon teilweise auseinanderdrifteten. Aber wir hatten noch keine Vorurteile und ließen uns vorbehaltlos aufeinander ein.

Doch die Zeit lehrte uns eine neue, wichtige Erkenntnis: Mit dem Frieden verhält es sich wie mit dem Glück – sie sind bloß temporär. Und so kam es, dass man in der Grundschule mit Gehässigkeiten konfrontiert wurde – egal, auf welcher Seite man war, man fand einander blöd. Allein diese Tatsache genügte, um die heftigsten Konversationen vom Zaun zu brechen, wie: „Igitt, bist du eklig!" – „Und du bist doof!" – „Selber, selber, da lachen alle Kälber …", und beendet wurde solch ein komischer Streit meist mit der unschlagbaren Aussage: „Du bist immer einmal dümmer!" So ging das jeden Tag; in der Schule, auf dem Heimweg oder nach der Schule auf dem Spielplatz. Aber wir konnten auch nicht voneinander lassen und getreu dem Motto „Was sich neckt, das liebt sich" fühlten wir uns irgendwie zu dem anderen Geschlecht hingezo-

Das schindet Eindruck ...

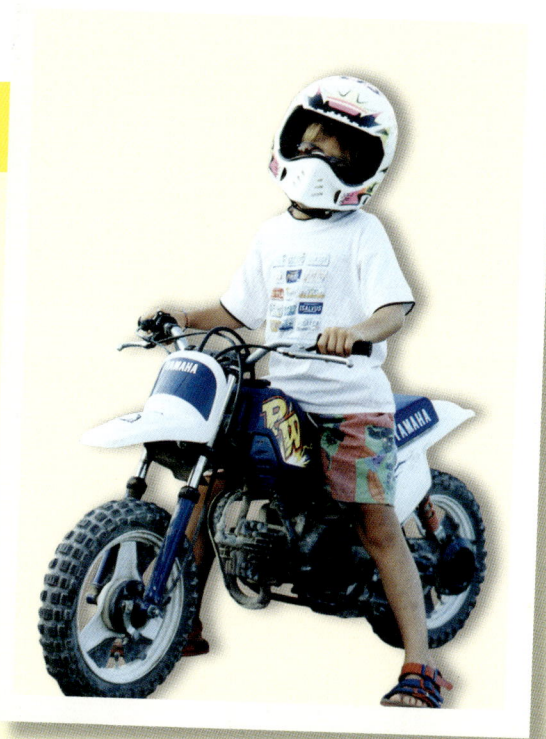

gen, verspürten ein unbekanntes Interesse und waren schlichtweg überfordert, damit anders umzugehen, als es Kinder nun mal tun – wir ärgerten, beschimpften und kabbelten uns. Denn so absurd uns einst die Vorstellung schien, dass da je mehr ginge als Krieg, hörten wir doch alle irgendwann auf mit den Kabbeleien und gingen zu einer neuen Art des Kampfes über: Der Kampf um die Herzen. Doch das kam erst viel später.

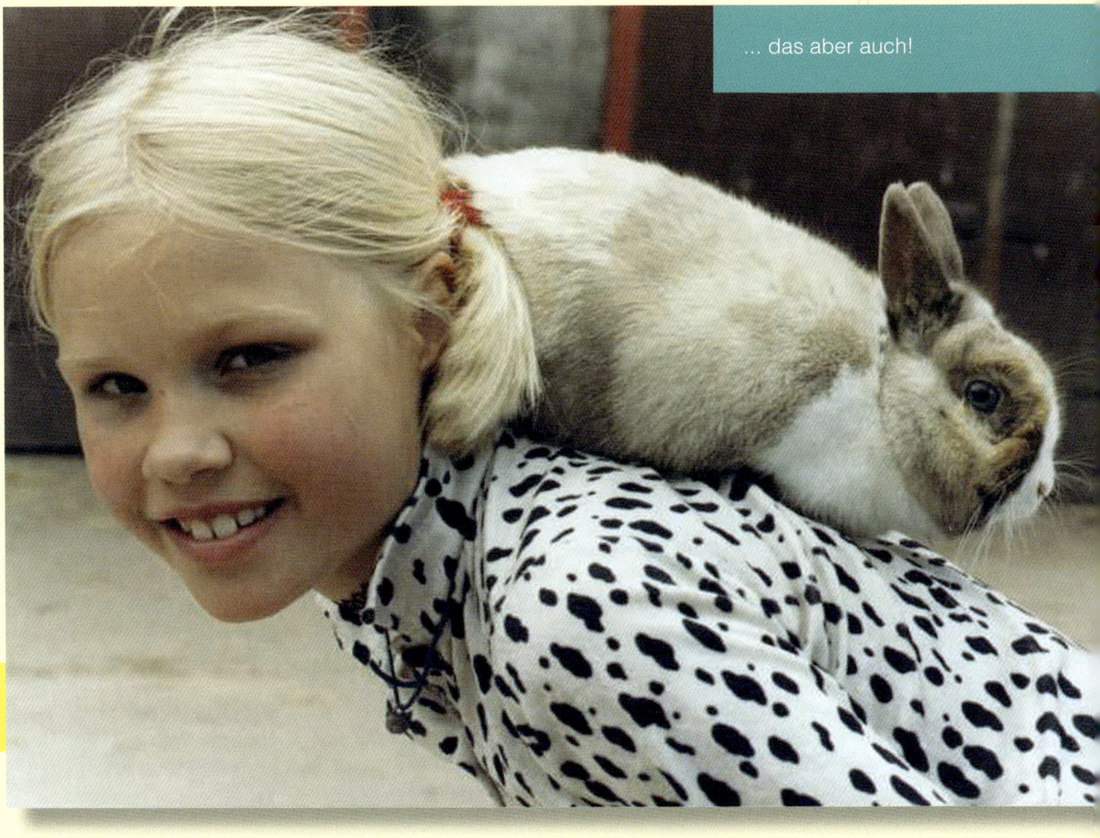

... das aber auch!

Kohl geht, Schröder kommt.

Jeder Kohl wird irgendwann schlecht – auch Helmut

Sechzehn Jahre „Regierung Kohl" sind eine verdammt lange Zeit, in der viel passiert ist. 1998 ist es an der Zeit für einen Wandel. Seit 1982 schmückt Helmut Kohl großflächig das Amt des Bundeskanzlers – zuverlässig, kapitalbewusst und mit prachtvollem Auftreten –, aber nichtsdestotrotz muss er nach der verlorenen Bundestagswahl 1998 den Weg frei machen und dem SPD-Kanzlerkandidaten Gerhard Schröder das Steuer überreichen, was nicht nur für viele Wähler ein Grund zum Jubeln ist, sondern auch – und das ganz besonders – für die SPD, denn die feiert nach 26 Jahren – und davon 16 Jahre unter Kohl – ihr großes Comeback. In den nächsten Jahren wird Deutschland von sozialen – und nicht christlichen – Demokraten durch Krisen und Erfolge geführt. CDU/CSU machen mit ihrem Regierungspartner FDP Platz für eine neue Regierungskoalition der SPD mit den Grünen.

Aus Neugier wird Leidenschaft

Jeder von uns hatte schon immer Interessen für sportliche Aktivitäten, das Sammeln von bestimmten Gegenständen, das Spielen eines Instrumentes oder alles auf einmal, vielleicht aber auch für etwas vollkommen anderes. Doch nichtsdestotrotz waren wir alle Feuer und Flamme für diese eine Sache, die uns mehr als alles am Herzen lag und den nötigen Ausgleich zum Schulalltag schaffen konnte. Für viele von uns

Für das Hobby machte man auch die Nacht manchmal zum Tag.

konnten das Dinge sein, die wir von klein auf zu unseren Hobbys zählten und für andere waren dies Dinge, die sie neu für sich entdeckten. Die meisten Jungs waren im Fußballverein oder spielten Basketball, gingen skaten, die Mädels waren oftmals im Tanz- oder Turnverein, gingen reiten, oder behaupteten sich ebenfalls in Ballsportarten. Manche konnten dem Sport nichts abgewinnen und machten lieber Musik: egal ob Gitarre oder Geige, Keyboard oder Klavier, jeder hatte da seine ganz eigenen Vorlieben und Talente. Und irgendwann gab es einen Punkt, wo dieses Hobby mit einer gewissen Leidenschaft einherging, nicht zuletzt, um Frust und Wut abzulassen. Dabei war es wichtig, die Sache richtig anzugehen und nicht halbherzig. Man träumte davon, etwas damit zu erreichen, und dieses Träumen half uns dabei, auf dem rechten Weg zu bleiben. Außerdem lernte man, was Zusammenhalt bedeutet, oder wie wertvoll Bekanntschaften mit all denen waren, die dasselbe sahen, hörten oder fühlten. Ich für meinen Teil wüsste nicht, was ich die ganze Zeit getrieben hätte, wären da nicht meine Homies, der Skateplatz um die Ecke und mein Skateboard gewesen. Es war schlicht und einfach gut, diese eine Sache zu haben, in die man alle Energie und Power stecken konnte.

Für unser Hobby vergaßen wir alles um uns herum.

31

Das Jahrtausend geht, der Euro kommt

Mit dem 1. Januar 1999 bekommt Europa eine neue Währung: den Euro. In elf Ländern – Deutschland, Frankreich, Italien, Niederlande, Belgien, Luxemburg, Spanien, Portugal, Irland, Österreich und Finnland – wird die gemeinsame Währung zunächst als Buchgeld eingeführt. Großbritannien, Schweden und Dänemark wollen nicht an der Europäischen Währungsunion teilnehmen, Griechenland verfehlt die Aufnahmekriterien.

Der Wert des Euro entspricht genau 1,95583 DM. Fortan heißt es also den Betrag beim Einkaufen zu verdoppeln, um ein Gefühl für die neuen Preise zu bekommen. Doch zunächst einmal ändert sich für die Bundesbürger nicht viel, denn als Bargeld wird der Euro erst ab dem 1. Januar 2002 ausgegeben und löst D-Mark und Pfennig sowie andere nationale Währungen ab. Die Preise werden in den Geschäften jedoch nach und nach schon doppelt ausgezeichnet, damit sich die Bürger an die neue Währung gewöhnen können.

Der Euro soll neben dem US-Dollar zur wichtigsten Währung der Welt avancieren.

Millennium ... oder das Ende der Welt

1999 war ein verrücktes Jahr. Ein Jahrtausendwechsel stand bevor, und das gab anscheinend allen Grund, durchzudrehen. Mal ganz davon abgesehen, dass die Welt ungefähr 2 Millionen Mal so lange existiert wie der christliche Glauben, ist das Ende eines Jahrzehnts genauso besonders wie jedes andere Silvester. Sollte man meinen. Aber wem sag ich das! Ihr wart ja dabei. Und ihr habt mitbekommen, wie groß diese Geschichte wurde, je näher man dem Ende des Jahres entgegenkam.

Auf der einen Seite war es das Megaereignis schlechthin – all die Errungenschaften und von höchster Intelligenz geprägten Innovationen der Vergangenheit schienen in diesem bevorstehenden Silvester zu gipfeln, als hätten wir selbst die letzten zweitausend Jahre erschaffen –, und auf der anderen Seite stand das nackte Nichts, prophezeit vom großen Nostradamus, dem das Ende der Welt in seinen Tagträumen erschien, und irgendwo dazwischen standen ganz plausible Befürchtungen, wie der totale Breakdown der elektronischen Vernetzungen, die mittlerweile aus unendlich vielen Staaten so was wie Globalität formten.

Letzten Endes passierte nichts von all den schrecklichen Dingen, ob nun prophezeit durch Propheten oder Analytiker, was im Endeffekt vielleicht das Gleiche ist, und all jene Menschen, die sich irgendwie einig waren mit der christlichen Zeitrechnung, feierten ein bombastisches Silvester, wo auch die frommsten Pazifisten mal eine Rakete in den Himmel schossen. Trotz allem war es dennoch ein ehrwürdiges Ereignis, das eben nur alle tausend Jahre vorkommt, und somit eine wunderbare Gelegenheit, etwas Besonderes zu unternehmen. Wir fuhren zum Beispiel nach Österreich, trafen uns dort mit Freunden der Familie und feierten am Berg auf einer Holzhütte, nebst der selbstgebauten Eisbar. Doch am Ende war es egal, ob man besinnlich und ehrfürchtig dem neuen Jahrtausend entgegenblickte, von einer Hütte am Berg, auf den Straßen im Viertel, den Dächern im Bezirk oder auf dem Feld neben den Kühen im Stall, was wirklich zählt: Wir waren dabei. In Anbetracht der Menschen, die bisher so auf der Erde rumgelaufen sind und rumlaufen werden, können das nicht viele von sich behaupten. Und dass wir alle 1990er sind, rundet diese irre Geschichte ganz gut ab, finde ich.

Außergewöhnliche Feierlichkeiten benötigten außergewöhnliche Details – Silvester 2000.

Mit 2000 Umdrehungen in die Zukunft

2000–2003

Photoshop war uns zwar noch kein Begriff, aber dennoch wussten wir Bilder in Szene zu setzen.

Neue Dimensionen, mehr Power

Darf ich vorstellen: Der/die neue Halbwüchsige. Grundschule erfolgreich absolviert, Jahrtausendwende locker flockig überlebt, bereit für neue Abenteuer.

Etwa so ließen wir die Grundschule hinter uns, waren jetzt die Großen, die von oben herab auf die Erstklässler blickten und unsere Scherze mit ihnen trieben. Hielt aber nur kurz

Chronik

7. Mai 2000
Wladimir Putin wird Russlands neuer
Staatspräsident.

27. November 2000
Der Republikaner George W. Bush wird 43.
Präsident der Vereinigten Staaten.

1. Juni 2000
Die EXPO 2000 wird in Hannover eröffnet.
Sie ist die erste Weltausstellung in Deutsch-
land und steht unter dem Motto „Mensch –
Natur – Technik".

11. September 2001
Die Anschläge auf das World Trade Center
und das Pentagon fordern tausende Tote
und erschüttern die Weltöffentlichkeit.

7. Oktober 2001
Die USA intervenieren in Afghanistan und
beginnen ihren Krieg gegen die „Achse des
Bösen".

1. Januar 2002
Der Euro wird in den Bargeld-Umlauf
gebracht.

11. Januar 2002
Die USA richten in Guantánamo auf Kuba
ein Gefangenenlager ein.

26. April 2002
Ein Amoklauf am Erfurter Gutenberg-Gym-
nasium fordert 17 Menschenleben.

August 2002
Die Jahrhundertflut trifft große Teile
Europas, vor allem den Osten Deutsch-
lands.

22. September 2002
Gerhard Schröder (SPD) gewinnt knapp die
Bundestagswahlen gegen Edmund Stoiber
(CSU).

15. Februar 2003
Über neun Millionen Menschen demonstrie-
ren weltweit gegen den Irakkrieg.

20. März 2003
Beginn des Dritten Golfkriegs: Deutschland
und Frankreich stellen sich im Irakkonflikt
gegen die Kriegspolitik der USA und
Großbritanniens. Sie handeln sich damit
von den USA harsche Kritik ein, aber auch
Unterstützung von Russland und China.

an, diese Erhabenheit, denn kaum
setzten wir unsere ach so großen
Füße auf den Boden der weiterfüh-
renden Schule, wendete sich das
Blatt blitzartig und ruck, zuck waren
wir wieder die Kleinen. Der Schullei-
ter meiner neuen Schule begrüßte
uns herzlich als „Fruchtzwerge". Ich
wette, bei euch gab es auch so
treffende Bezeichnungen, die einem
als Neuankömmling unheimlich viel
Mut zusprachen. War aber eigentlich
auch egal, denn wir waren stark,
hatten Energie im Bauch und guten
Wind im Rücken.

Und wieder war alles neu, der
Schulhof, das Schulgebäude, die
Turnhalle und all die coolen Leute,
die teilweise schon Bart oder BH
trugen. Auch die neuen Fächer,
Lehrer und Räume und nicht zuletzt
die vielen Hausaufgaben stellten
uns vor ganz neue Herausforderungen: Wo geht's noch mal zum
Biologieraum? Wie heißt die Eng-
lischlehrerin doch gleich? Was
haben wir in Mathe auf? Wer hat
meine Musikmappe gesehen? Da
musste man sich schon etwas
besser organisieren und konzentrie-
ren. Leise konnte man erahnen, wo
diese neue Etappe einen hinführen
würde, erst einmal musste man aber
laut, und vor allem richtig, im Unterricht zeigen, was man konnte. Denn
allen Träumereien voran gingen wie
bereits gewohnt Schrift und Wort
und Grips.

Im Bus auf zu neuen Abenteuern.

Was ist denn jetzt los?

Eben noch abstoßend und doof, dann irgendwie cool, aber dennoch vertrauensunwürdig, und auf einmal süß, lustig – wo kommen diese seltsamen Gefühle auf einmal her, wenn sie mich ansieht? Warum mag ich es denn jetzt, wenn er mich kabbelt? Tja, willkommen in der Pubertät, hallo Hormone!

Natürlich kam das alles eher schleichend, und als wir schon mittendrin waren, wollten wir es auch nicht wahrhaben, aber allmählich verließen wir die Hülle des Kindes und wuchsen heran zu einem

Verdrehte Tatsachen und doch auf dem richtigen Weg.

Schmetterling, der ins Erwachsensein flatterte. Oder so ähnlich. Fest stand jedenfalls, dass sich da was tat in uns, das bisher unbekannt war, und dass wir alles rauslassen mussten, was eben raus wollte. All diese Gefühle! Scham, Aufregung, Wut, Freude, Liebe, Hass – nie war Leben derart intensiv. So wurden aus süßen, kleinen Mädchen garstige Zicken in Popstar-Klamotten, und aus kleinen, frechen Rabauken wurden coole Großmäuler mit Scheiß-auf-alles-Attitüde. Mal stärker, mal schwächer ausgeprägt, machte der körpereigene Evolutionsprozess auch vor uns keinen Halt. Aber ganz gleich, wie stark oder schwach ausgeprägt, durch die gegebene Natürlichkeit dieser Phase war irgendwie auch alles gerechtfertigt, was wir so getrieben haben.

Düstere Aussichten für intelligente Nachkommen

Ohne Worte.

Mit dem Millennium-Gong wachgerüttelt, dachten sich einige Wissenschaftler, es sei vielleicht gar nicht mal so schlecht zu sehen, was die neue Generation auf dem Kasten hat. Ein repräsentativer Querschnitt der Schülerinnen und Schüler der 8. und 9. Klassen nehmen an dieser Studie im Jahr 2000 teil, die man „PISA" nennt und die von der OECD europaweit durchgeführt wird. Ziel der Studie ist es, die Testergebnisse der Schüler mit denen aus anderen EU-Ländern zu vergleichen. Was dabei herauskommt, ist im gleichen Maße überraschend wie erschreckend – unsere Jugend ist ungebildet; zwar solides Mittelfeld, aber dennoch nicht genug für das Land der Dichter und Denker. Also werden neue Schulsysteme, Lehrplanänderungen und etliche andere Verbesserungsvorschläge als Folge eines unbefriedigenden Ergebnisses zum Diskussionsschwerpunkt in Politik und Lehrerzimmern. Und so kommt es, dass Politiker und Lehrer nicht nur denken wie die Weltmeister, sondern auch handeln wie ein Zahnarzt – Problem erkennen, an der Wurzel packen und rausziehen. Was dabei herauskommt: neue Schulformen, Abitur in acht Jahren und örtlich die Abschaffung der Förderstufe bzw. Orientierungsstufe, die man in gewissen Bundesländern als Grund des „Scheiterns" betrachtet. Zwar bleibt eine deutschlandweite Veränderung des allgemeinen Schulwesens aus, doch der Ruf der Jugend ist ruiniert. Aber vielleicht ist genau das die eigentliche pädagogische Maßnahme: Pein und Hohn als Druckmittel für eine zukünftig hoffentlich stärker motivierte Jugend.

Auf allen Sendern nur eine Nachricht

Wisst ihr noch, was ihr am 23. Juni 2001 gemacht habt? Ich auch nicht. War einfach irgendein Tag im Jahr, wie jeder andere. Mag sein, dass an diesem Tag etwas Schönes geschehen ist oder etwas Trauriges, aber das Datum hat wohl keiner im Kopf behalten. Am 11. September 2001 sah das aber anders aus. Ich weiß noch ganz genau, was ich getan habe – so gut wie jedes Detail: Der Tag begann wie ein ganz gewöhnlicher: Ich ging zur Schule, kam heim, ging skaten. Abends schmierte ich mir meine 10 Nutella-Toasts und hockte mich vor die Glotze, um „Newton" oder so einen Scheiß zu gucken. Doch dort liefen nur Nachrichten, ich dachte erst, ich sei aus Versehen auf N-TV geswitcht, aber es liefen auf jedem Sender immer wieder die gleichen Bilder: Zwei Flugzeuge, Typ Boeing 767, die in zwei Hochhäuser flogen. Was wir dort im Fernsehen sahen, sollte als größte terroristische Katastrophe in die Geschichte der Menschheit eingehen. Erst konnte ich das Ausmaß dieser Tragödie nicht begreifen. Aber so nach und nach, im Laufe der darauf folgenden Tage und Wochen, bekam man eine Vorstellung davon, wie relevant diese Geschichte eigentlich war. Bald darauf kannte man alle Einzelheiten, selbst hier in Deutschland spürte man einen aufkeimenden Hass gegen langbärtige Männer und halbdunkle Immigranten, die Hintergrundinformationen flossen in den Unterricht ein, es tauchten Verschwörungstheorien auf, Soldaten fochten Kämpfe aus und bezahlten mit ihrem Leben, und noch Jahre später diskutierte man in kleinen Runden oder in Klassenräumen über die Ereignisse vom 11. September.

Die schaurigen Gesichter des Terrorismus

Am 11. September 2001 kapern islamische Terroristen vier amerikanische Flugzeuge. Zwei davon werden in das World Trade Center gesteuert und bringen die beiden Wolkenkratzer zum Einsturz. 2800 Menschen kommen dabei zu Tode, gefangen wie in einer riesigen Mausefalle, die plötzlich und brutal zuschnappt. Mehr als 400 Einsatzkräfte der Polizei und Feuerwehr lassen ebenfalls ihr Leben an diesem unvorhersehbaren Schauplatz des Todes. Ein weiteres der vier entführten Passagierflugzeuge wird in das Pentagon gesteuert, richtet aber keinen größeren Schaden an; das vierte Flugzeug verfehlt sein Ziel und stürzt über einem Feld ab, wahrscheinlich setzen sich die Passagiere zur Wehr und können einen weiteren Anschlag verhindern. Der Preis ist ihr Leben.

Folgenschwerer Anschlag auf das WTC in New York.

Hintergrund für diesen terroristischen Anschlag ist vermutlich der Hass islamistischer Fundamentalisten auf den amerikanischen Imperialismus und auf eine verfehlte Nahostpolitik der USA. Doch George Busch, dem damit eine teuflische Botschaft überbracht werden soll, sitzt zwischen ein paar Kindern im Kindergarten und liest aus einem Buch vor, das auf dem Kopf steht.

Die Folgen dieses terroristischen Höhepunkts in der Geschichte der Menschheit sind nicht nur der tragische Verlust unschuldiger Bürger und ein riesiges Loch inmitten von Manhattan, sondern darüber hinaus der Beginn eines zweifelhaften Krieges zwischen den USA und Afghanistan, dessen Regierung angeblich in enger Verbindung mit den Attentätern des 11. Septembers, der Al Qaida, steht. Doch ob ein Krieg durch einen Anschlag gerechtfertigt werden kann oder nicht, spielt anscheinend keine Rolle, und auch nicht, dass dabei stets Unschuldige ums Leben kommen. Sicher ist nur, dass Gewalt und Skrupellosigkeit und Machtdemonstration ein neues, erschütterndes Gesicht bekommen haben.

Bald schon gang und gäbe, das Handy mit Fotofunktion.

High-End-Produkte zwischen Postern und alten Kuscheltieren

Ganz im Sinne einer ordentlichen Jahrtausendwende boomte der Technologie-Markt wie nie zuvor und warf beinahe im Sekundentakt neue Ware in all die Saturns und Media-Märkte. So kam es, dass wir im Alter von 13 Jahren Tech-nologie im Kinderzimmer stehen hatten wie PC, Stereoanlage, Fernseher, Handy, MP3-Player, deren Gesamt-wert höher als das Jahreseinkommen eines Thailänders war und die Vorstellungen unserer Elterngenera-tion in deren Kindheit bei Weitem übertraf.

Und was unsere Eltern mit Obacht und Feingefühl kennen zu lernen versuchten und unsere Großeltern nicht im Ansatz begriffen, war für uns

Noch recht klobig, die ersten Handys.

federleichte Spielerei, Alltag, Selbstverständlichkeit. Spätestens seit der Konfirmation waren Handy und PC genau so wichtig wie geile Sneakers und fette Shirts. Das komplette Bewusstsein wurde um höchst komplizierte Komponenten erweitert, und über die Jahre hinweg, vom ersten Nintendo bis hin zur neuesten Playstation, verschmolzen Technologie und Digitales mit uns, so dass man manchmal das Vibrieren in der Hosentasche spürte, obwohl gar kein Handy drin war. Anstatt Briefe zu schreiben, flirteten wir heiß per SMS, nachts unter der Bettdecke, und wo unsere Eltern am Wochenende mal eine Platte auflegten, um sich die neuesten Songs von Tina Turner zu Gemüte zu führen, knallten wir 128 MB an unterschiedlichster Musik auf unsere Player und hörten außer Musik fast gar nichts mehr.

Doch spätestens als das Internet so richtig bei uns einschlug, in seiner ganzen Bandbreite und Nutzbarkeit, war dessen Gebrauch und Wichtigkeit so essentiell wie Essen und Trinken. Fragwürdig bleibt bloß das Dahinsterben der Sprache seit dieser verhängnisvollen Entwicklung, aber das ist ein anderes Thema. LOL.

Hightech und Elektronik anstatt Holzklötzen und Fantasie.

Am Meer war doch alles
gleich viel harmonischer.

Das erste Date

Irgendwann in dieser Epoche voll Handys und Internetvideos hatte man auch
sein erstes Date. Außerhalb der Schule, nur zu zweit, Männlein und Weiblein,
vielleicht auch Jungs mit Jungs und Mädels mit Mädels, und höchstwahr-
scheinlich mit der Absicht auf einen kleinen Kuss oder wenigstens Händchen-
halten, irgendwie Berühren, sich nah sein. Was eigentlich ein ganz normales,
menschliches Bedürfnis ist, sorgte in diesem Alter aber oft für merkwürdige
Verhaltensweisen und massives Schamgefühl. Es war halt alles nicht so
einfach, schließlich traf man sich nicht spontan im Rewe und beschloss dann,
ein bisschen zusammen abzuhängen, gut, vielleicht auch das, aber in der
Regel hatte man sie oder ihn schon länger ins Auge gefasst, auf dem Schulhof
heimliche Blicke ausgetauscht, per SMS schon ganze Romane versandt und
über Liebe und Gefühle, Gott und die Welt gesprochen und wusste ganz
genau, wer das Date war und wie dieses zu einem stand. Und drum herum war
ja auch einiges los – es wussten ja immer alle Bescheid, und alle haben
geredet, waren neugierig, wollten wissen, was so geht, und bevor man sich
überhaupt das erste Mal gedatet hatte, wurde schon so viel über die Sache
geredet, dass man, wenn es denn so weit war, keinen Ton mehr rausbrachte,
weil alles schon gesagt war.

Lippenstift und viel Make-up für das „perfekte" Aussehen.

11. bis 14. Lebensjahr

Also fing man wieder von vorne an. Smalltalk auf gröbste Art und Weise. Schule, Hass-Lehrer und Hass-Menschen, generell schien lästern immer etwas zu sein, wo beide Spaß dran hatten und oftmals Gemeinsamkeiten entdeckten. Dann ging man langsam über ins Eingemachte, man sprach über Dinge, die einem etwas näher gingen als die hässliche Frisur und die feuchte Aussprache von Herrn Schmidt, wie zum Beispiel Lieblingsmusik. Wenn man hier auf einer Wellenlänge war, fühlte man sich doppelt so stark verbunden. Und so plätscherte das erste Date unter permanenter Nervosität dahin, mit der stetigen Hoffnung, sich noch etwas näher zu kommen. Wo das war, spielte eigentlich keine große Rolle, meistens war man doch im Kino und danach noch irgendwo in der Stadt, bei einem von beiden zu Hause hinter verschlossenen Türen oder irgendwo draußen, wo man für sich war, aber ganz egal wo, ganz egal wer, es scheint sich ein Phänomen durch alle ersten Dates zu ziehen: Ganz am Ende, so fünf Minuten bevor man abgeholt wird oder gehen muss, greift man sich endlich ein Herz und nimmt seine Liebste/seinen Liebsten an die Hand, steckt die Köpfe zusammen, schmust ein bisschen, und wenn man die Schritte der Mutter schon hört oder man Vatters Auto in der Ferne anrollen sieht, dann kleben plötzlich die Lippen aneinander. Fünf Stunden lang hätte man sich derartige Gefühle schenken können, aber man war eben unsicher, schüchtern, wollte nicht aufdringlich sein, obwohl man auf dem Rückweg realisierte: Ich wusste die ganze Zeit, dass er oder sie es auch will!

Natürlich kam es auch vor, dass beim ersten Date alles schiefging, was nur schiefgehen konnte. Aber auch das ist eine wertvolle Erfahrung – Ausschlussverfahren nennt man das. Wichtig war, dass man sich getraut hat, diesen Schritt zu gehen, und nicht zu Hause in Hätte-wenn-und-aber-Gedanken versank. Ob nun mit oder ohne Wellenlänge, mit oder ohne Kuss, das erste Date war, ist und bleibt ein unvergessliches Erlebnis.

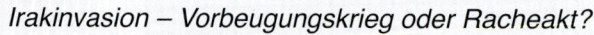

Irakinvasion – Vorbeugungskrieg oder Racheakt?

Nach dem Anschlag auf Amerikas Vorzeigesymbole, die Twin Towers des World Trade Centers in New York, erscheint es US-Präsident George W. Bush unausweichlich, gegen den Irak militärisch vorzugehen. Immerhin sind die verantwortlichen Attentäter Mitglieder der irakischen Terrororganisation Al Qaida. Somit erhält dieses militärische Projekt oberste Priorität in der Außenpolitik

Der Irakkrieg fordert viele Opfer.

Bushs, was dazu führt, dass etliche Millionen Dollar in Rüstungsprojekte und Waffen investiert werden.

Die Invasion beginnt unter dem Projektnamen „Operation Iraqi Freedom" am 20. März 2003 ohne offizielle Kriegserklärung, nachdem der irakische Diktator Saddam Hussein das Ultimatum, sein Land binnen 48 Stunden zu verlassen, nicht eingehalten hat. Sie endet im April desselben Jahres, was die Bevölkerung zwar anfangs begeistert, doch wenige Zeit später zu einer weitgehenden Ablehnung der amerikanischen Besatzungsmacht und zu unzähligen terroristischen Selbstmordattentaten führt. Zeitweise erklärt das „US-Regionalkommando für den Nahen Osten" den Zustand im Irak sogar als unkontrollierbar und extrem verschlechtert.

Man versucht, die Invasion dadurch zu rechtfertigen, dass der Irak, seine Führungskräfte und extremistischen

Vereinigungen eine bedrohliche Gefahr für den Rest der Welt darstellen und deshalb präventiv bekämpft werden müssen. Zudem soll der Irak über Massenvernichtungswaffen verfügen und in die Anschläge vom 11. September verwickelt gewesen sein. Doch ob es wahrhaftig eine Verbindung des Iraks und der Al Qaida gibt, ist zweifelhaft. Fakt hingegen ist, dass dieser Krieg Unmengen an Geld kostet, unzählige Menschenleben fordert und nicht zum Weltfrieden beiträgt.

Der Krieg und seine Folgen fordern nach Studien in Amerika und England den Tod von etwa 1 000 000 Zivilisten und knapp 5000 Soldaten; die Kosten betragen nach dem Stand von Anfang 2008 mehr als 600 Milliarden US-Dollar. Blickt man auf das Verhältnis zwischen toten Zivilisten und Soldaten, so fällt auf, wer die eigentlichen Leidtragenden in einem Krieg sind.

2004-2008

Erwachsen werden oder sowas in der Art

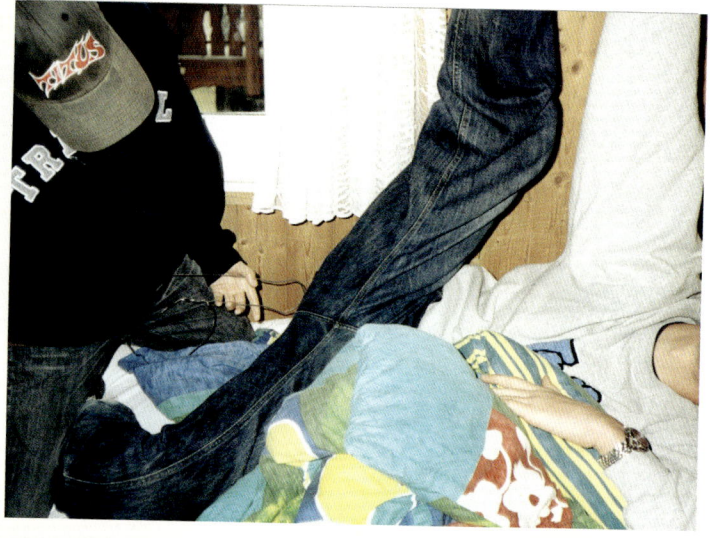

Manchmal benahmen wir uns trotz unseres Alters noch sehr kindisch.

Selbst ist der Mann, selbst ist die Frau

Langsam aber sicher wurde uns klar, dass wir nicht länger die sorglosen Kinder von gestern sein konnten, sondern damit anfangen mussten, die Zügel selbst in die Hand zu nehmen. Das hieß nicht, dass plötzlich niemand mehr

Chronik

26. Dezember 2004
Ein Seebeben im Indischen Ozean löst einen Tsunami aus, welcher Hunderttausenden das Leben kostet.

19. April 2005
Mit Kardinal Joseph Ratzinger als Benedikt XVI. wird erstmals ein Deutscher Papst.

27. Oktober 2005
Bei der Verfolgung zweier Polizisten durch die Pariser Innenstadt sterben zwei Jugendliche. Unruhen in den Pariser Vororten brechen aus.

31. Januar 2006
Die Arbeitslosenzahl in Deutschland steigt auf 5,012 Millionen und ist damit um 1% höher als im Vorjahr.

22. Oktober 2006
Michael Schumacher beendet seine Karriere als Formel-1-Fahrer mit einem 4. Platz in Brasilien, der ihm die Vizeweltmeisterschaft einbringt. Weltmeister wird Fernando Alonso.

4. Februar 2007
Die deutsche Handballnationalmannschaft der Männer gewinnt in Köln das Finale der Weltmeisterschaft gegen Polen.

8. Juni 2007
In Heiligendamm geht der G8-Gipfel zu Ende – die Staats- und Regierungschefs der acht größten Industrienationen sind hier drei Tage zusammengekommen, um insbesondere über die Themen Klimaschutz und Hilfe für Afrika zu diskutieren.

Herbst 2008
Eine Finanzkrise führt in den USA und Europa zur Insolvenz zahlreicher Banken und führt zu Rufen nach einer globalen Kontrolle des Finanzmarktes.

4. November 2008
Der demokratische Senator Barack Obama wird zum 44. Präsidenten der Vereinigten Staaten von Amerika gewählt.

28. September 2008
Bei der Landtagswahl in Bayern verliert die CSU in Bayern nach 46 Jahren erstmals die absolute Mehrheit im Landtag.

hinter uns stand, aber gewiss, dass unsere Rückendeckung mittlerweile defensiv arbeitete. Eltern und Lehrer, Trainer und überhaupt jeder Erwachsene verdeutlichten uns im zarten Alter von fünfzehn Jahren immer wieder, dass wir so langsam selbst die Verantwortung für uns übernehmen müssten und all das, was wir taten, nicht für unsere Eltern oder sonst wen machten, sondern nur für uns. Was das genau heißen sollte, war nicht unbedingt von Anfang an klar – es war vielmehr ein langwieriger Prozess des allmählichen Verstehens, den man zu durchlaufen hatte. Das letzte bisschen Verständnis, das uns fehlte, um auf die Welt der Erwachsenen losgelassen zu werden.

Viele starteten nach der Schule eine Ausbildung und waren somit etwas schneller, aber auch standhafter in der harten Realität angekommen, andere entschieden sich für eine Abitur-Variation, welcher dann ein Studium oder eine Ausbildung folgen sollten. So oder so, es war an der Zeit, eine Entscheidung zu treffen, wo man hin wollte und wo man sich gern sehen würde als Erwachsener. Und das war gar nicht so einfach bei den hunderttausend Möglichkeiten, die man damals schon hatte. Woher, zur Hölle, soll man denn wissen, was man den Rest seines Lebens tun möchte?

Es war eine Entscheidung, bei der sich manche einfach gleiten ließen und andere sich den Kopf zerbrachen.

15. bis 18. Lebensjahr

In der Regel machte man erst mal mit der Schule weiter, wenn man sich nicht so sicher war. Natürlich hatte es auch etwas mit dem Bildungsgrad zu tun, und zum ersten Mal im Leben fiel uns auf, dass nicht jeder alles machen konnte, worauf er Lust hatte. Noten waren dabei gar nicht so unwichtig.

Und so kam es, dass es wieder einmal Umschwung hieß, Wandel, Wechsel, Neueinstieg. Denn die Mittelstufe war auch nur ein Zwischenstopp, der am Ende der 9. oder 10. Klasse sein Ende fand. Wie wahnsinnig schnell die Zeit vergangen war! Es war doch noch gar nicht so lange her, da schienen die Großen unantastbar, und auf einmal war man selbst so einer. Und ehe man das irgendwie auskosten oder genießen konnte, musste man schon wieder Abschied nehmen und neue Herausforderungen und Hürden überwinden!

Wahnwitzig im Mondlicht und dem ein oder anderen Bier zu viel.

Wild for the night

Die erste ernstzunehmende Konfrontation mit der Erwachsenenwelt war zweifellos das Liebäugeln mit dem Alkohol. Scheiß drauf, was wir trinken, Hauptsache, hinten steht irgendwas mit Prozenten drauf. Und dann gib ihm! Natürlich war es nicht ganz so. Wie alles andere auch, war die Begegnung mit dem Alkohol eine langwierige, scheue, stetig klarer werdende Geschichte. Nur die wenigsten Sachen sind plötzlich da. Vor allem nicht Alkohol, der war schon immer da, selbst Jesus war ein Fan davon, und mit Sicherheit auch die meisten Eltern, die am Wochenende mal einen Wein oder ein Bier, einen Magenbitter oder alles zusammen tranken. Bevor einem klar war, wie Alkohol ungefähr wirkt, waren besoffene Menschen einfach komisch, unerklärlich seltsam drauf. Später dann, so mit 14, kannte man die feuchtfröhliche Wirkung des Alkohols und schämte sich in Grund und Boden, wenn Mama und Papa auf einmal wirres Zeug redeten und, ja, plötzlich so jung und lebensfroh schienen. Vollkommen logisch, dass man selbst irgendwann neugierig wurde, wie sich das anfühlt, dieser Alkohol ... schmecken tat er nicht so gut, das wusste man vom heimlichen Nippen.

Der Sache musste nachgegangen werden. Meistens erledigte man das am Abend der Konfirmation, der göttlichen Einladung, sich zu betrinken – erst langsam und gesittet mit der Familie, dann sinnfrei und maßlos mit den Kumpels und BFF's. Und trotz der fetten Birne am Tag danach, war es irgendwie geil, das musste wiederholt werden. Man war zwar noch minderjährig und durfte keinen Alkohol kaufen und sich nicht in Kneipen aufhalten, aber das störte keinen. Je weiter weg von der Stadt, desto lockerer wurde der Alkoholausschank an Minderjährige gehandhabt.

Und das kommt dabei raus, wenn man mal ernsthaft dreinblicken soll.

Kein Bartwuchs, aber Kreativität.

So eröffneten sich ganz neue Freizeitaktivitäten am Wochenende. Und was es da alles gab! Kirmes, Stadtfest, die Kneipe um die Ecke und so weiter, und überall war der Teufel los. „Ich schlaf dieses Wochenende bei Max, ja? Wir wollen einen Filmeabend machen und zusammen lernen!" ... eigentlich komisch, dass so was funktioniert hat. Und statt Filme und Bücher gab es dann Bier, Sangria, Wein, Weinbrand, Wodka, Whisky, Rum, Bols Blue, V + Energie ... Wer hätte gedacht, dass nachts so viel geilere Sachen möglich waren als schlafen?!

Getreu dieser neuen Erfahrung, freute man sich mehr denn je aufs Wochenende, auf die nächste verrückte Party. Irgendwo ging immer was. Entweder traf man fast alle aus dem Jahrgang auf einer Party, oder man ließ selber eine steigen, wenn man sturmfreie Bude hatte. Und das Beste war, so in der Retrospektive, wie easy man damals noch den Kater wegsteckte ...

Angela Merkel, die erste Frau
an der Spitze Deutschlands.

Frauen an die Macht

„Angie, Angie ... when will those clouds all disappear?", singen die Rolling Stones in den 70er-Jahren. Und dieser Song gewinnt 2005 in Deutschland an Aktualität. Denn Gerhard Schröder kann sich im Jahr 2005 nicht mehr aus der Krise winden, die sich unter seiner Kanzlerschaft zuspitzte: Aus dem Versprechen, die Arbeitslosenzahl in Deutschland zu verringern, resultiert leider ein Anstieg der Arbeitslosigkeit. Reformen zu Gunsten der Unternehmer stoßen auf Missfallen und inbrünstigen Widerstand in der Bevölkerung. So ist es nur eine Frage der Zeit, bis Schröder den Bundestagsabgeordneten die Vertrauensfrage stellt, um Neuwahlen zu ermöglichen. Am 1. Juli 2005 wird Schröder das Vertrauen entzogen und zwei Monate später, am 18. September,

finden Neuwahlen statt. Nach einem knappen Sieg der CDU/CSU wählt die große Koalition aus CDU/CSU und der SPD die CDU-Vorsitzende Angela Merkel zur ersten Bundeskanzlerin Deutschlands: Ein kleiner Schritt für Deutschland, ein großer für Angela Merkel, die mit ihrem Sieg beweist, dass Frauen durchaus im Stande sind, den Platz des Regierungschefs einzunehmen und das Zepter zu schwingen.

Manche Shows fanden wir einfach nur zum Lachen.

Der Casting-Wahnsinn

Was mit Big Brother und Popstars anfing, wurde mit DSDS, Bachelor und Germany's Next Top Model zur Perversion getrieben. Der Casting-Boom hatte Deutschland voll erreicht. Es fing auch alles ganz amüsant und erfrischend an; die erste Staffel von Popstars, welche Pop-Ikonen wie Sandra und Lucie von den No Angels hervorbrachte, begleitet von den harten und übernatürlich enthusiastischen Trainingsmethoden des

Andere versetzen uns ins Träumen: Ob ich auch mal Model oder Popstar werde?

Detlef Dee! Soost, war ein großer Erfolg und begeisterte das Fernsehpublikum – keine Frage –, aber dass man ab diesem Zeitpunkt fortwährend darauf bedacht war, am laufenden Band Castingshows zu produzieren, machte das Ganze zur Farce und sorgte viel mehr für Langeweile und bestenfalls einen guten Lacher. Jedes Jahr gab es neue, unzählige Superstars und eine ganze Reihe von Musikern, Performern und so genannten Nachwuchstalenten, die im Fernsehen ihr Können zum Besten gaben. Dass sich nur wenige von diesen gecasteten Fernsehstars länger als drei Monate mit Ruhm und Erfolg schmücken durften, hätte eigentlich ein eindeutiger Grund für die Sender sein müssen, mit den Shows aufzuhören. Doch was wirklich zählte, waren die Zuschauerquoten und Werbeeinnahmen – und die schossen jedes Mal aufs Neue in die Höhe. Televisionärer Jahrmarkt vom Lieblingssessel aus. Und wenn sie nicht gestorben sind, dann casten sie noch heute ...

Heimspiel für Deutschland

Im Jahr 2006 stand eine neue Fußballweltmeisterschaft vor der Tür. Und obwohl diese Tatsache allein schon weit mehr Hysterie im Land auslöst als die Bundeskanzlerwahlen, hatte unser „Kaiser" Franz Beckenbauer noch einen oben draufgesetzt und dafür gesorgt, dass die WM in Deutschland stattfinden konnte. Und das tat sie auch, und wie!

Als es so weit war, wappnete sich das ganze Land: Wir hatten uns auf große Menschenmassen aller möglichen Nationen eingestellt, bereiteten riesige Leinwände zur Übertragung vor und das Wichtigste: Wir stellten uns psychisch auf ein lautes, feierndes Volk ein. Doch immer schwang bei den Großveranstaltungen, vor allem rund um die Stadien, auch die Angst mit, dass ein Unglück passieren könnte. Seit dem 11. September 2001 kochte die Angst vor Anschlägen hoch, ebenso waren aber auch Auseinandersetzungen zwischen Hooligans oder Fans unterschiedlicher Nationen gefürchtet.

Doch es verlief viel besser, als man es sich hätte erträumen können. Die Menschen hatten den Sinn dieser Veranstaltung verstanden und gaben sich sportlich, was dazu führte, dass Menschen aller Nationen dieses Turnier gemeinsam genossen. Es war zweifellos klar, dass man sich diesen Reiz des Mitfieberns und Mitleidens nicht entgehen lassen konnte. So kam es, dass wir uns so gut wie jedes Spiel anschauten und immer einen Blick auf die Tabelle hatten, beruhigt in der Gewissheit, dass die deutsche Elf relativ gut dabei war. Oft schauten wir uns auch die Spiele unter der Woche an; meistens mit unseren Freunden und ein wenig Bier bei irgendwem zu Hause oder in Kneipen, Sälen und auf Festplätzen, wo hin und wieder weit über hundert Leute versammelt waren – selbst im kleinsten Dorf.

Leider wurde Deutschland letzten Endes nicht neuer Fußballweltmeister, aber immerhin konnte es sich mit dem

Gute Miene zum guten Spiel.

Titel des „Drittbesten" schmücken, und das war ohne Zweifel ein deftiger Grund zum Feiern. Mitmachen ist alles, gewinnen das Schönste daran, und Dritter werden die perfekte Mischung aus beidem. Doch auch innerhalb des Volkes schien es eine perfekte Mischung gegeben zu haben, denn Randale und Anfeindungen hielten sich in Grenzen. So gesehen war die WM in Deutschland nicht nur ein Beweis unseres sportlichen Könnens, sondern auch der Beweis dafür, dass Deutsche ihre Gäste aus dem Ausland mit offenen Armen empfangen.

Einzige unschöne Randnotiz: Die kleinen Fähnchen, die sich während der WM beinahe jeder Deutsche an seiner Fensterscheibe am Auto befestigte, waren wenig später der Grund dafür, dass deutsche Touristen, die ein solches Fähnchen mit sich führten, beim Überqueren der österreichischen Grenze Strafe zahlen mussten. Begründet wurde das Bußgeld damit, dass die Fahnen anstößig seien und rassistische Hintergründe haben könnten.

Große Liebe

Wir hatten so langsam ein Alter erreicht, wo man sich gerne mal so richtig böse verliebte. Verliebt sein an sich war ja schon länger bekannt und supergeil, allerdings flatterten die Schmetterlinge genauso schnell wieder weg, wie sie auftauchten. Aber früher oder später, und meistens war das so zwischen 16 und 18, da trat auf einmal ein Mensch in dein Leben, der dich derart vom Hocker riss, dass man glaubte, nie wieder einen vergleichbaren zu finden. Jawoll, Ladys and Gentlemen, ich rede von der ersten großen Liebe. Jesus, war das ein intensives und explosives Fühlen!

Obwohl wir allen voran und back-
frisch die Repräsentanten eines
neuen Zeitalters waren, dessen
Verständnis von Liebe und Partner-
schaft und Sexualität vollkommen
revolutioniert war, wollten wir doch nur
den einen oder die eine, ganz für uns
und das für immer. Die ganze Welt
um einen herum erblasste, wenn sie
oder er im Raum war, und man wurde
süchtig nach dieser abgefahrenen
Einzigartigkeit, die niemand anders
zu begreifen schien. Und so baute
man seine erste, richtige Beziehung
auf, versprach sich Liebe, schenkte
sich Geheimnisse, verbrachte tausend Stunden und länger nur im Bett.
Es war groß.

   Aber so prickelnd und wahrhaftig und affenscharf das alles auch war, man
lernte ebenso die Schattenseiten einer ernsthaften Beziehung kennen. Niemand hatte einen gewarnt, wie heftig
die aussehen konnten ... Eifersucht,
sinnlose Streitereien, schiere Abge-
fucktheit in einem bis dato unbekann-
ten Maße, und dann das Zweifeln, die
Ängste um die Echtheit dieser Liebe.
An manchen Tagen war es ein einziges
Drama, als hinge das Überleben der
Menschheit davon ab, ob er nun 20
Minuten zu spät kam oder nicht. Oder
ob sie nun alles über die Ex-Liebschaf-
ten wusste oder zufällig was von einer

Beste Freundinnen halten zusammen.

erfuhr und gekränkt war. Die Liste der Dinge, die da falsch laufen konnten und fehlinterpretiert wurden, ist endlos, ebenso wie die Liste all der unbegreiflich schönen Augenblicke, die man sich niemals so schön hätte erträumen können.

Es glich einem Erwachen. Alles, was man erlebte, erlebte man zum ersten Mal. Vor allem das erste Mal war das erste Mal unbeschreiblich krass, so dass es einem die Schädeldecke wegschoss. Ihr wisst, was ich meine.

Und dennoch ging das alles irgendwann, irgendwie zu Bruch – nicht bei allen, ich hoffe sogar, es gibt viele da draußen, die sich die erste Liebe irgend-wie festhalten konnten, denn trotz der ewig vielen Möglichkeiten und Eventuali-täten bei der Partnersuche ist nichts romantischer als die Vorstellung einer vollkommenen Symbiose. Aber wer ist schon so romantisch? Vielleicht hat es auch gar nichts mit Romantik zu tun, und unberechenbare Faktoren wie Glück und Zur-richtigen-Zeit-am-richtigen-Ort bestimmen, wie gut oder schlecht etwas funktioniert. Ja, vielleicht hatte man auch einfach einmal zu viel Pech. Aber vielleicht ist es auch irgendwann nicht mehr so wichtig, ob das nun geklappt hat mit der ersten Liebe oder man sich langsam aus den Augen verlor, denn vielleicht war man einfach noch zu jung, zu impulsiv, zu unerfah-ren, um richtig zu lieben.

Südländische Temperaturen und wenig Eis

Spätestens 2006, nach dem Film „Eine unbequeme Wahrheit" von Al Gore, dem ehemaligen Vizepräsidenten der USA, ist uns klar, dass es um unsere wunderschöne Erde doch nicht so gut steht, wie wir zeitweise dachten. Polarkappen und Gletscher schmelzen, die Atmosphäre wird zunehmend verseucht und all das ist auf den Menschen und sein nicht nachhaltiges Handeln zurückzuführen. Unter nicht nachhaltigem Handeln versteht man das egoistische und nicht zukunftsorientierte Verhalten des Menschen seit Beginn der Industrialisierung; man könnte beinahe sagen, es sei das kleine, aber schwergewichtige Manko des Fortschritts und der Entwicklung, welche eigentlich die Lebensqualität der Menschheit verbessern sollten.

Al Gores Film liefert zu diesem Thema schlagkräftige Argumente und Belege, dargestellt in Tabellen und Verzeichnissen, welche die Temperaturentwicklung von heute im Vergleich zu früher – beispielsweise des Mittelalters – wiedergeben, und schenkt man diesen Zahlen und Argumenten Glauben, so können wir damit rechnen, dass für unsere Kindeskinder nicht mehr viel übrig bleibt, für das es sich zu leben lohnt oder womit man leben kann. Denn nehmen wir weiterhin keine Rücksicht auf die Natur, so wird der zunehmende Treibhauseffekt für ein verstärktes Abschmelzen der Gletscher und Pole und eine Erderwärmung in nicht allzu ferner Zukunft sorgen. Die Folgen werden immer häufigere und schlimmere Überschwemmungen und Naturkatastrophen sein. Allerdings gibt es auch Meinungen, die eine globale Erwärmung durch Menschenhand ausschließen, da es in der Geschichte der Erde immer schon globale Erwärmungen und Temperaturschwankungen gegeben hat. Und somit bleibt dieses Thema ein strittiges, welches viele offene Fragen und Ungewissheiten mit sich führt.

They see me rollin' ...

Was gab es Schöneres, als seelenruhig und lässig mit dem Fahrrad durch die Gegend zu cruisen? Richtig, all das mit dem Auto zu machen. Leider ging das offiziell nicht so einfach, und arschteuer war es obendrein. Aber es gehörte zum Erwachsenwerden dazu, wie sich die Finger am Herd zu verbrennen, entjungfert zu werden, mit dem Kopf über der Kloschüssel zu hängen und seine ersten, hart verdienten Mäuse auf den Kopf zu hauen.

Viele ermöglichten sich mit dem Rollerführerschein schon etwas früher die Semi-Speed-Variante auf dem Asphalt, aber auch die wollten mit 18 auf vier Rädern und mit einem mehr oder weniger leistungsstarken Motor unter der

Haube unterwegs sein. Also kam keiner drum herum, das ersparte Konfirma-
tionsgeld, die ersten Gehälter oder das Geld der Eltern zu verprassen und
die Fahrschule zu besuchen. Und dann hieß es aufpassen und lernen, denn
ganz so simpel, wie Autofahren immer wirkte, schien es nicht zu sein –
zumindest predigte das der Fahrlehrer in den ersten Theoriestunden, ohne
die man nicht ans Steuer gelassen wurde. Jede Woche musste man aufs
Neue diese bescheuerten Beamer-Präsentationen ansehen und abwägen, ob
in dieser oder jener Situation der Fahrradfahrer, das Auto von links oder der
Truck von gegenüber, der links abbiegen will, Vorfahrt hat. Logik war hier

Beseelt vom Glück über die bestandene Prüfung.

meistens fehl am Platz, denn um die Fragen richtig zu beantworten, musste man die Regeln und Gesetze der Straße kennen – und die stammten nicht von *8 Mile* oder *The Fast And The Furious*. Wann musst du spätestens bremsen, wenn die Straße nass und die Geschwindigkeit bei 80 km/h liegt und du den Mindestabstand von soundso viel Metern einhalten willst? Ja, so dann! Nein, falsch! Hier, guck auf die Tafel, da steht die Gleichung.

Immer und immer wieder, bis der Fahrlehrer den Eindruck hatte, du wärst bereit, auf die anderen Verkehrsteilnehmer losgelassen zu werden. Und wenn das einigermaßen gut lief, meldete er dich bald darauf zur theoretischen Prüfung an, bei der man nicht mehr als elf Fehlerpunkte erreichen durfte, sonst musste man wieder ran, mehr Geld ausspucken. Drei Versuche hatte man. Wer die verkackte, musste lange warten, bis er noch mal ran durfte ... und natürlich noch mehr Geld bezahlen. Ich, zum Beispiel, fiel zwei Mal durch. Hart an der Grenze bestand ich die Prüfung beim dritten Mal. Es war sehr ärgerlich, denn selbst mit zweimal zwölf Fehlerpunkten drückte die Zulassungsstelle kein Auge zu.

Früher oder später schaffte es aber auch der letzte Theorie-Analphabet, und dann wurde die Fahrschule langsam spaßiger und gechillter. Man arbeitete sich durch alle Pflichtstunden, fuhr mal über die Autobahn, mal über Land, bei Nacht, parkte dort mal rückwärts ein, wurde hier mal vorgeführt, und alles in allem auf prekäre Situationen der praktischen Prüfung vorbereitet, die der Prüfer gerne mal inszeniert, um den Prüfling auf die Probe zu stellen.

Schließlich hatte die Stunde der Wahrheit geschlagen und man saß hinterm Steuer, auf der Rückbank Lehrer und Prüfer, das Bein am Zittern und Vibrieren wie die Gliedmaßen eines Junkies auf kaltem Entzug, so dass man kaum imstande war, die Kupplung zu treten. Von dort gab es kein Zurück. Jetzt musste alles glatt laufen. Meistens stellte der Prüfer vor Fahrtbeginn noch extrem irreführende Fragen zu Lämpchen und Leuchten, um einem den letzten Nerv zu rauben, und dann fuhr man kreuz und quer umher, während der Lehrer im ständigen Gespräch mit dem Prüfer blieb. Wahrscheinlich um die Aufmerksamkeit des Prüfers etwas zu schmälern und eine entspannte Atmosphäre zu schaffen.

Es war die längste Fahrt, auch wenn sie nur 20 Minuten dauerte. Und wenn man keine grobe Kacke gebaut hatte, erhielt man nach ein paar letzten Fragen endlich, endlich seinen Führerschein. War das ein geiles Gefühl ... tonnenschwere Last löste sich in Luft auf und ließ einen ganz natürlich high werden.

Let's introduce Mister Barack Obama

Wer ist dieser charmante, gutaussehende schwarze Kerl, der als Präsidentschaftskandidat der Demokraten in den USA antritt, fragt sich der eine oder andere, als die ersten Wellen des Wahlkampfes aus den USA nach Deutschland herüberschwappen. Barack Obama – sein Siegeswille, sein Charme und seine positive Ausstrahlung ziehen selbst in Deutschland viele Menschen in ihren Bann und lassen auf einen Wechsel an der Spitze der Weltmacht Amerika hoffen. Im Prinzip gibt es drei Dinge, die von bedeutender Relevanz für einen Wahlsieg Obamas sind: Wie tritt er auf, was hat er vor, und ist es in den USA wirklich möglich, dass ein afro-amerikanischer Demokrat an „die Macht" kommt? In puncto Auftreten, Charme und Charakter

hat Barack Obama keine Schwierigkeiten – ein Sieg auf ganzer Linie. Er hat dieses unverwechselbare Kennedy-Lächeln, welches ohne Zweifel bei jedem Sympathie erweckt, hat Stil und Klasse und ist darüber hinaus ein angesehener und geliebter Ehemann und Familienvater, der diese Rollen augenscheinlich mit höchster Bravour verkörpert. Somit hat Obama schon die Hälfte geschafft.

Aber Obama hat noch mehr zu bieten als gutes Aussehen und ein breites Grinsen; seine Wirtschaftspolitik orientiert sich an dem Prinzip des vorsorgenden Sozialstaates nach der Theorie von Robert Rubin (aus der Clinton-Ära), mit welcher er die Wirtschaftskrise eindämmen möchte, indem er eine Verbesserung der Lage der Mittelschicht und Arbeiterklasse durchsetzen will. Seine Außenpolitik ist friedensorientiert, als früher Gegner der Irakinvasion spricht er sich für einen „verantwortungsvollen Rückzug" der Truppen aus dem Irak aus.

Bleibt nur noch eine Frage offen, und die ist häufiger das Gesprächsthema Nummer eins, als man eigentlich annehmen möchte: Ist Amerika bereit, einen Farbigen zum Präsidenten zu wählen, Amerika, in dem erst vor gut vierzig Jahren die Rassentrennung aufgehoben und „Schwarze" mit „Wei-

ßen" rechtlich gleichgesetzt wurden? Bezeichnenderweise genießt Barack Obama früher als je ein Präsidentschaftskandidat Amerikas die volle Sicherheit des Secret Service und ist unter ständiger Aufsicht.

Ja, Amerika und die Welt sind bereit! Auf breite Zustimmung trifft weltweit die Nachricht, dass Barack Obama, promovierter Jurist und Demokrat, am 4. November 2008 mit großer Mehrheit zum 44. Präsidenten der USA gewählt ist. Am 20. Januar 2009 tritt er sein Amt an.

Mitgerissene Party-fratzen im Diskofieber.

... und das ist erst der Anfang

Ich hatte mal ein sehr spannendes Gespräch mit einem älteren Arzt, da ging es um Menschen, exzessive Lebenseinstellungen, sich stetig wandelnde Wertvorstellungen und die Gesellschaft. Und er sagte etwas, das hier an dieser Stelle ganz gut passt, wie ich finde: „Jeder Mensch hat seine eigene Persönlichkeit, und die pendelt sich immer mittig zwischen seiner Base und seinem Drive ein ..."

Aus Akustik wird Electric, aus Spaß wird Leidenschaft.

Unsere Kindheit und Jugend, alles aus dieser Zeit Mitgenommene und Erlebte, unsere Familie, all das machte uns zu dem, was wir heute sind. Das ist unsere Base, unser Anker, unsere Wurzel im Boden des Seins. Und hier haben wir alle eines gemein: Es begann 1990. Verdammt noch mal, hört sich das mittelalterlich an, und so weit weg! Aber es ist unmittelbar da, direkt in uns drin, irgendwo zwischen all den Sachen, die uns mittlerweile so um die Ohren flattern und so viel wichtiger erscheinen als der jugendliche Klumbatsch, der einen mit 15 noch so unendlich ausfüllte. Und dennoch findet alles, das uns auch noch heute begeistern und in höchste Höhen fliegen lässt, unser Drive, seinen Ursprung im längst Vergangenen. Jeder für sich und alle zusammen, da sind wir jetzt, jeder auf seinem Weg, der individueller und einzigartiger nicht sein könnte. Und wenn wir eines gelernt haben in diesen ersten achtzehn, total abgefahrenen, supergeilen Lebensjahren, dann, dass man nie ausgelernt hat. Jeden Tag passiert etwas nie da gewesenes Neues „... hit me baby one more time".

Optimistisch blicken wir in die Zukunft.

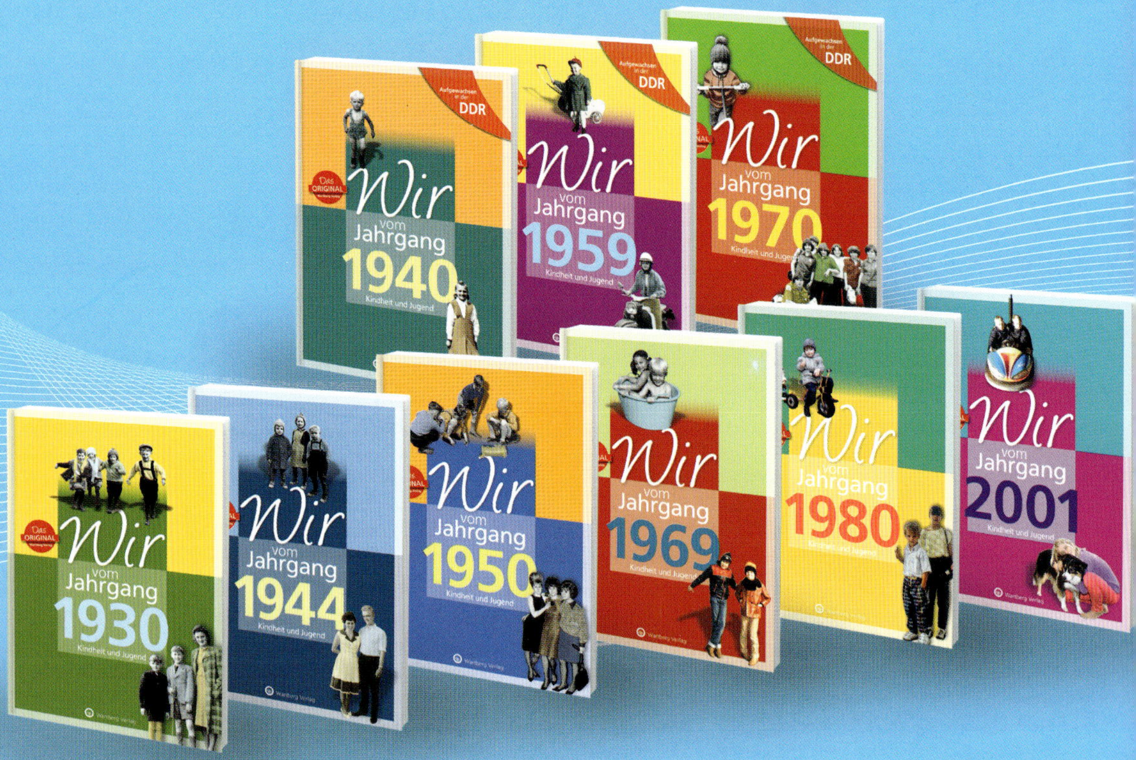